何为
人文经济学

任初轩◎编

人民日报出版社

北 京

图书在版编目 (CIP) 数据

何为人文经济学 / 任初轩编 . — 北京： 人民日报
出版社 , 2024.6
ISBN 978-7-5115-8311-6

Ⅰ . ①何… Ⅱ . ①任… Ⅲ . ①经济学－通俗读物
Ⅳ . ① F0-49

中国版本图书馆 CIP 数据核字（2024）第 106263 号

书　　　名：何为人文经济学
　　　　　　HE WEI RENWEN JINGJIXUE
编　　　者：任初轩

出 版 人：刘华新
策 划 人：欧阳辉
责任编辑：毕春月　刘思捷

出版发行：人民日报出版社
社　　　址：北京金台西路 2 号
邮政编码：100733
发行热线：（010）65369509　65369527　65369846　65363528
邮购热线：（010）65369530　65363527
编辑热线：（010）65369521
网　　　址：www.peopledailypress.com
经　　　销：新华书店
印　　　刷：大厂回族自治县彩虹印刷有限公司
法律顾问：北京科宇律师事务所　（010）83622312

开　　　本：710 毫米 × 1000 毫米　1/16
字　　　数：168 千字
印　　　张：15
版次印次：2024 年 6 月第 1 版　　2024 年 6 月第 1 次印刷

书　　　号：ISBN 978-7-5115-8311-6
定　　　价：48.00 元

目　录

●●●　**实践篇**　●●●

●●● **拓展篇** ●●●

理论篇

促进经济和文化共同繁荣

洪银兴

习近平总书记指出："文化很发达的地方，经济照样走在前面。可以研究一下这里面的人文经济学。"人文经济的繁荣发展，是文化与经济相互交融、相互促进、相得益彰的生动实践。以江苏苏州、浙江杭州为代表的一些地方经济发达、文化繁荣，成为人文经济学的实践样本。深入研究其中的人文经济学，对于推动文化与经济在相互有效转化中实现共同繁荣、促进物质文明和精神文明相协调具有重要意义。

中国式现代化是物质文明和精神文明相协调的现代化

党的二十大报告提出："物质富足、精神富有是社会主义现代化的根本要求。物质贫困不是社会主义，精神贫乏也不是社会主义。"中国式现代化是物质文明和精神文明相协调的现代化，是物质文明和精神文明均衡发展、相互促进，两个文明比翼双飞的发展过程。其中一个重要目标就是在不断提高国家经济实力、人民生活水平的同时，不断丰富人民的精神世界、提高全社会文明程度、促进人的全面发展。

物质文明和精神文明是人类认识世界、改造世界全部成果的总括和结晶。物质文明对精神文明具有决定性作用，为精神文明建设提供必要的物质前提和条件。正如马克思在《〈政治经济学批判〉序言》中指出的："物质生活的生产方式制约着整个社会生活、政治生活和精神生活的过程。不是人们的意识决定人们的存在，相反，是人们的社会存在决定人们的意识。"精神文明对物质文明建设具有巨大推动作用。精神文明程度的提升，包括人的思想观念、思维方式等方面的现代化，既是现代化的一个重要目标，也是现代化的一个重要手段，能够为物质文明建设提供动力和支撑。恩格斯指出，"物质存在方式虽然是始因，但是这并不排斥思想领域也反过来对物质存在方式起作用"。物质文明和精神文明紧密联系、互相影响、互为条件，统一于人的实践活动。很难设想一个国家或地区在经济上实现现代化后还是文化的沙漠，也不能设想一个物质上十分富有但精神上很空虚的人能够实现全面发展。

作为物质文明和精神文明相协调的现代化，中国式现代化不仅要在经济上实现质的有效提升和量的合理增长，而且要围绕举旗帜、聚民心、育新人、兴文化、展形象建设社会主义文化强国，促进物的全面丰富和人的全面发展。加强精神文明建设、丰富人民精神世界，必须坚定文化自信。中华文明源远流长，五千多年的悠久文明史形成了深厚文化底蕴和历史积淀。我们完全有条件在推动经济高质量发展的同时，大力发展社会主义先进文化，弘扬革命文化，推动中华优秀传统文化创造性转化、创新性发展，发展面向现代化、面向世界、面向未来的，民族的科学的大众的社会主义文化，同时借鉴吸收人类一切优秀文明成果，不断增强实现中华民族伟大复兴的精神力量，促进人的全面发展。

发挥文化对经济高质量发展的支撑作用

从苏州、杭州等地方的实践来看，文化促进经济发展主要体现在通过道德观、价值观等方面的长期涵养，实现以文化人，夯实经济繁荣发展的文化支撑。中国式现代化是亿万人民自己的事业，人民是中国式现代化的主体。在推进中国式现代化进程中，全面贯彻习近平文化思想，广泛践行社会主义核心价值观，建设具有强大凝聚力和引领力的社会主义意识形态，巩固壮大奋进新时代的主流思想舆论等，不仅能够促进人的现代化，而且能够通过以文化人激发全民族创新创造活力，汇集全体人民的智慧和力量，推动中国式现代化不断向前发展。

加强公民道德建设。道德的力量是无穷的。加强全社会的思想道德建设，对于形成向上的力量、向善的力量具有重要意义。从我国历史看，中华传统美德是中华文化的精髓，蕴含着丰富的思想道德资源，支撑着中华民族生生不息、薪火相传。比如，苏州、杭州的繁荣发展离不开崇文、尊师、重教等方面的文化传统。这种文化传统不仅提高了人的精神文明程度，而且促进了经济发展所需要的人力资本积累，今天依然为我们推进改革开放和社会主义现代化建设提供着强大精神力量。党的二十大报告提出"提高全社会文明程度"并作出具体部署，内容包括实施公民道德建设工程，弘扬中华传统美德，加强家庭家教家风建设，推动明大德、守公德、严私德，提高人民道德水准和文明素养，等等。不断激发全社会向上向善的正能量，就能为中国式现代化提供不竭的精神力量。

弘扬承担社会责任的企业家文化。企业营销无国界，企业家有祖国。比如，一些企业家在兴办实业的同时，积极兴办教育、医疗、社会公益事业，帮助群众，造福乡梓，成为我国民族企业家的楷模。企业家文化不仅包括创新文化，而且包括社会责任文化。在推进中国式现代化进程中，需要弘扬这种勇于承担社会责任的企业家文化，培育具有家国情怀的企业家，把企业发展同国家繁荣、民族兴盛、人民幸福紧密结合在一起，主动为国担当、为国分忧；培育勇担社会责任的企业家，把社会作为施展才华的舞台，真诚回报社会、投身各类公益事业；培育诚信守法的企业家，让他们成为诚信守法的表率，促进全社会道德素质和文明程度提升。

构建相互信任的营商环境。契约精神、守约观念是现代经济活动的重要意识规范，也是信用经济的重要要求。社会主义市场经济是信用经济，相互信任是不可多得的社会资本。弘扬诚信文化、打造相互信任的营商环境有利于提高合同规范实施效率、维护市场秩序，从而降低交易成本。构建相互信任的营商环境不可能一蹴而就，离不开长期文化积淀所形成的社会共同遵从的道德规范。要加强诚信文化建设，大力弘扬社会主义核心价值观，引导行业协会商会加强诚信自律，支持新闻媒体开展诚信宣传和舆论监督，鼓励社会公众积极参与诚信建设活动，推动形成崇尚诚信、践行诚信的良好风尚。

促进人的观念的现代化。现代化的本质是人的现代化，其中一个重要方面是人的观念的现代化。这是人的思想理念、心理状态、思维方式等从传统向现代转化，形成符合时代要求、与现代化发展相适应的思想观念的过程。中国式现代化是中华民族的旧邦新命，既传承历史文化，又融合现代文明。中华民族之所以能够在很长的历史时期内作为最繁荣最强大的文明体屹立于世，一个重要原因就在于中华文明具有突出的创新性。推进中国式现代化，需要在守正的基础上勇于创新，冲破传统思想观念的束缚，完整准确全面贯彻新发展理念，鼓励广大干部群众在前沿一线、未知领域大胆探索，寻求有效解决新矛盾新问题的思路和办法，以改革创新推动事业发展。

增强经济发展对文化繁荣的基础作用

经济是基础，物质文明对精神文明起着决定性作用。从苏州、杭州等地方的实践来看，经济对文化发展的基础性作用是不可或缺的。新时代新征程，要把我国经济高质量发展成果不断转化为文化繁荣发展的动力，在保持中华优秀传统文化优势的基础上，推动文化传承发展、社会主义文化强国建设迈出坚实步伐，促进满足人民文化需求和增强人民精神力量相统一，增强人民群众文化获得感、幸福感。

扩大优质文化供给。顺应我国社会主要矛盾的历史性变化，满足人民日益增长的美好生活需要，促进人的全面发展，必须扩大优质文化供给，让人民享有更加充实、更为丰富、更高质量的精神文化生活。这包括完善公共文化设施网络，提升公共文化设施互联互通水平；健全现代公共文化服务体系，创新实施文化惠民工程；坚持以人民为中心的创作导向，推出更多增强人民精神力量的优秀作品；等等。通过源源不断提供满足不同文化消费需求的丰富多彩的优秀作品，增强广大人民群众的文化认同和文化自信，巩固全党全国人民团结奋斗的共同思想基础。

繁荣发展文化产业。党的二十大报告提出："繁荣发展文化事业和文化产业。"在发展文化事业的同时发展壮大文化产业，有利于充分发挥文化在激活发展动能、提升发展品质、促进经济结构优化升级中的重要作用。要坚持把社会效益放在首位、社会效益和经济效益相统一，把扩大内需与深化供给侧结构性改革结合起来，完善产业规划和政策，强化创新驱动，实施数字化战略，推进产业基础高级化、产业链现代化，促进文化产业持续健康发展。

统筹推进教育、科技、人才发展。习近平总书记指出："教育、科技、人才是全面建设社会主义现代化国家的基础性、战略性支撑。"科技是第一生产力，人才是第一资源，创新是第一动力。推动文化繁荣发展，离不开教育、科技、人才共同发挥作用。马克思指出："从整个社会来说，创造可以自由支配的时间，也就是创造产生科学、艺术等等的时间。"科技创新不仅能够促进技术进步和经济发展，而且能够促进文化传承和创新；教育不仅能够传播历史文化知识，而且能够传播科学技术知识。要顺应新一轮科技革命和产业变革趋势，完善服务全民终身学习的教育体系，鼓励和引导劳动者养成终身学习的良好习惯，强化终身学习的内生动力，不断更新自身知识结构，努力成为全面发展的人。

作者为南京大学教授

《人民日报》2024年3月5日第17版

研究"人文经济学"
激活高质量发展新动能

吴　军

2023 年 7 月，习近平总书记在江苏苏州考察时指出，苏州在传统与现代的结合上做得很好，不仅有历史文化传承，而且有高科技创新和高质量发展，代表未来的发展方向。在 2023 年全国两会期间，习近平总书记在参加江苏代表团审议时就指出："文化很发达的地方，经济照样走在前面。可以研究一下这里面的人文经济学。"

在人类历史发展过程中，文化与经济从来是相辅相成、相互作用的。经济发展为文化发展提供物质基础，而文化发展则赋予经济发展深厚的人文价值。人文经济学通常指的是一种关注市场活动中的人文价值的经济增长理念与研究体系。从人文经济学视角看待发展，坚持以人为本、文化赋能、以文兴业，在发展中推动人文与经济交融共生，是对人民幸福、文化繁荣和经济高质量发展这三个维度的系统性统筹，彰显了高质量发展的人文价值取向。

文化经济是对文化经济化和经济文化化的统称，其实质是文化与经济的交融互动、融合发展。在两者的相互作用中，文化经济化代表着以中华文化为载体的丰富人文要素实现产业转化的过程，而经济文化化则是道德、审美、规范等人文价值观要素融入经济活动中的过程。人文经济学就是要在不断实现文化经济化和经济文化化的过程中，突出以人的发展为核心的价值归宿。

近年来，许多地方以不同的"打开方式"创新利用文化资源，推动人文与经济相互融合，呈现出人文鼎盛与经济繁荣的新局面。例如，北京通过"筑巢引凤"打造高新技术企业和创新人才高地，推动了科技研究和创新成果的孵化；上海的人文经济发展以金融商务、贸易航运、创新产业、旅游文化等为主要抓手，助力上海成为卓越的全球城市；苏州将园林艺术、古典戏曲、传统手工艺等文化遗产打造为城市金名片，吸引了大量游客和文化爱好者；成都以场景营造城市，把成都的城市精神与城市文化融入城市建设发展的各个领域和环节，不断增强公园城市的宜居舒适性品质，将发展成果转化为人民可感可及的美好生活体验……这些生动实践说明，深入践行人文经济学，能够激活高质量发展新动能。

放眼未来，打造千年文韵和现代经济共生的美好图景，推动人文经济学与各领域发展工作的创新融合是重要方向。一是注重延续城乡历史文脉。城乡历史文化遗存是前人智慧的积淀，是地域发展内涵和特色的重要标志。应妥善处理好保护与发展的关系，加强对历史文化遗产的保护和修复工作。二是支持文化创意产业发展。通过建设文化创意园区和孵化器，在资金支持、税收优惠和土地资源等方面给予扶持，有助于促进文化创意产业的集聚和交流，激活文化创意企业的创新动能。三是重视人文经济人才与技能培训。加快培育具备创意、艺术和管理能力的各类人才，拓展培育途径和培育资源，有效提升人文经济从业人员的专业素养和技能水平。四是提升人文环境与公共空间品质。提供丰富多样的文化活动和资源，建设高品质的公共文化设施和场所，提供便利的文化交流和体验空间，才能更好满足人们对文化消费的需求，加强文化产业与其他产业的融合，推动人文经济的多元发展。

作者为北京市习近平新时代中国特色社会主义思想研究中心
特约研究员

《光明日报》2023 年 9 月 18 日第 16 版

人文与经济
如何为城市发展"插上双翼"

邓智团　郭红星

　　文化和经济是人类社会发展进步的两个"车轮",全人类共同应对挑战、迈向美好未来,既需要经济科技力量,也需要文化文明力量。党的十八大以来,习近平总书记把文化建设摆在全局工作的重要位置,强调"推动高质量发展,文化是重要支点""满足人民日益增长的美好生活需要,文化是重要因素""要敬畏历史、敬畏文化、敬畏生态,全面保护好历史文化遗产,统筹好旅游发展、特色经营、古城保护,筑牢文物安全底线,守护好前人留给我们的宝贵财富"……习近平总书记的一系列重要指示,为繁荣发展城市人文经济指明了前进方向,提供了根本遵循。

扫描城市实践：人文与经济相互激荡、彼此生发

城市是推动高质量发展、创造高品质生活、全面建设社会主义现代化国家的重要载体。党的十八大以来，各地积极践行人民城市理念，努力推动经济持续繁荣、人文和谐发展，形成文化与经济交融互动、融合发展的丰富多元的城市实践，在经济发展中惠及民生，在文化传承中造福百姓。

注重把人文融入城市发展战略规划中。城市规划在城市发展中起着重要引领作用，关键是以人民为中心，贯通历史现实未来，让历史文化与自然生态永续利用、与现代化建设交相辉映。如北京和上海在把科技创新中心作为核心定位的同时，都把文化中心或文化大都市建设作为城市的主要定位；成都在建设西部重要金融中心和科技中心的同时，坚持以文兴业、以文润城、以文惠民、以文互鉴，努力打造彰显中华文明魅力、天府文化特色的世界文化名城；在已有 2500 多年建城史的苏州，既有平江历史文化街区这一传承弘扬中华优秀传统文化、加强社会主义精神文明建设的宝贵财富，也有在全国 169 家国家高新区中综合排名第四的苏州工业园区，不仅有历史文化传承，而且有高科技创新和高质量发展，很好地践行了人文与经济共生共荣的发展之道。

注重以人文精神塑造城市特质。正如中华民族有一脉相承的精神追求、精神特质、精神脉络，一个城市的崛起与繁荣，也有一以贯之、历久弥新的城市人文精神。一般来说，开放、创新、包容、诚信、务实等人文精神能赋予经济发展更强的竞争力，与生产力中

最活跃的人的因素结合起来，将会催生高质量发展的强劲动能。例如，以"开放、创新、包容"为城市品格的上海，全方位大力度推进首创性改革、引领性开放，加快建成具有世界影响力的社会主义现代化国际大都市，在推进中国式现代化中充分发挥龙头带动和示范引领作用。以"敢闯敢试、开放包容、务实尚法、追求卓越"为城市人文精神的深圳，涌现出众多世界知名企业，成为我国最具活力的创新城市之一。一些革命历史悠久的城市，在发展中注重擦亮红色文化名片，如井冈山充分发挥红色传统资源优势，积极推动红色旅游与研学旅行、乡村旅游等产业融合发展，探索了一条以红色文化推动地方高质量发展的路子。

注重以人文价值引领经济发展方向。公平、共享、绿色等人文价值是城市经济高质量发展和城市百姓高品质生活的应有之义。成都贯彻落实绿色发展理念，注重保存原生地貌，将河流、湖泊、绿地等作为带动产业高端化、绿色化、集约化发展的生态线，让公园融入市民日常生活。杭州把共享发展作为经济发展的重要价值导向，在做大"蛋糕"的同时，聚力分好"蛋糕"，努力让广大人民群众共享发展成果。为更好满足青年多样化、多层次发展需求，让青年创新创造活力与城市创新创造活力相互激荡，深圳、成都、苏州、杭州、郑州等45个城市被选为全国青年发展型城市建设试点，从规划、教育、就业、居住、生活、健康、安全七大环境建设入手，着力让城市更友好，让青年更有为。

注重繁荣文化产业增强发展动力。为推动文化产业高质量发展，有的城市实施"文化＋"战略，推动文化与科技、金融、旅游等融合发展；有的城市实施文化产业数字化战略，壮大数字创意、网络视听、数字出版等产业，开发文化创意产品；有的城市发掘当地文脉，推动中华优秀传统文化创造性转化、创新性发展。杭州以人文作为杭州亚运会的办赛亮点，"人文亚运"让体育与文化交相辉映，体育流量转化为发展质量，赛事红利转化为经济效益，体育竞技的魅力成为激发经济活力的关键触媒。成都通过大运会、汤尤杯、世运会等赛事，全力打造世界赛事名城。北京以中轴线保护和老城保护为抓手，大力推动文化和科技融合、文化和旅游融合等"文化＋"战略，2023 年上半年，北京文化新业态企业实现营业收入 6420.8 亿元，占全国文化新业态企业营收的比重超 1/4。西安在保护历史文化和文物遗存的基础上，通过艺术创作、科技运用、视听化表达等多种方式加快文物活化利用，实现了社会效益和经济效益的双赢。拥有超过 4000 家玩具生产企业的东莞，以中华传统文化为设计特色，用文化解锁制造业新赛道，崛起为"中国潮玩之都"。

注重升级文化事业提升民生品质。有的城市打造城市书房、文化驿站等融图书阅读、艺术展览、文化沙龙等服务于一体的新型文化业态，营造小而美的公共阅读和艺术空间；有的城市从高等级博物馆、体育馆、文化馆、美术馆等入手，建设高品质公共文化设施。上海以水为媒，把最好的资源留给人民，在最核心的地段建设高品质的文化设施、公共空间，全线贯通"一江一河"，布局水岸阳台、健身步道、历史画廊，展现海派博览风情带，串联公园绿地，打造世界级滨水公共空间。浙江嘉兴以"15 分钟品质文化生活圈"推动基本公共文化服务建设，构建城乡一体化公共图书馆服务体系，举办"农民读书会"，让读书成为农民朋友的自觉习惯和精神追求。

解码人文经济：准确把握经济与人文的辩证关系

人文经济学的城市实践表明，赓续历史文脉、汇聚高质量发展澎湃动能，人文因经济加持而生机勃勃，经济因注入人文含量而质量更高、成色更足。理解人文经济，既要把握经济的人文化，也要把握人文的经济化。

经济的人文化。新时代人文经济学赋予经济发展深厚的人文价值，在中国式现代化进程中更加注重满足人民群众多样化、多层次、多方面的需求和期盼，注重在发展中保障和改善民生，推动全体人民共同富裕取得更为明显的实质性进展，促进人的全面发展、社会全面进步。一方面，社会进步、时代变迁、技术升级，改变了人们的生产生活方式和社会交往形式，也创造着不同的文化价值，形塑着迥异的人文精神；另一方面，当前，高质量发展越来越强调机会公平、规则公平、代际公平，强调共建共享，强调绿色安全，重视物质文明成果和精神文明成果全民共享。例如，湖泊、水库星罗棋布的武汉，在人与自然生命共同体理念指引下，将"人水相争"转变为"人水相依"，成就了如今人水和谐的"诗和远方"；汉中通过"柔性治水"和"海绵城市"的工程实践，将 6.5 平方公里的天汉湿地公园改造成为众多野生动植物的天堂和当地市民休闲健身的好去处。

人文的经济化。文化产业和文化事业已成为地方经济发展的重要动力和百姓生活品质的重要保障。一方面，文化产业为城市经济高质量发展提供重要动力。近年来，传统文化与现代科技持续发生"化学反应"，不断催生新产业，积蓄着强劲动能。在江西景德镇，千年瓷文化遇到现代文创产业，5.8 万家手工制瓷作坊遍布全城，一条文创街区就入驻了创客 2 万多名、孵化创业实体 2902 个、带动上下游 10 万余人就业。另一方面，文化事业是高质量发展的重要内容。文化事业本身也是一种基础设施，建设过程中能扩大投资，拉动内需，带来经济增长。例如，书店、文化站、图书馆、线上文化服务等基本公共文化服务，能让更多人享有文化滋养，创造品质生活。如杭州借助公共文化服务数智应用大场景，提供点单式配送演出、艺术培训等文化服务，实现公共文化服务精准匹配，促进资源集约均衡。

虽然我国城市在推动人文和经济互动交融，以人文经济引领城市高质量发展方面积累了不少有益经验，但从经济人文化和人文经济化两个面向来看，依然存在不平衡不充分的矛盾。例如，一些城市尚未形成可集聚经营主体、激发市场活力、彰显时代特征的人文精神；一些城市在城市文脉赓续传承中还存在破坏性保护的冲动，还不同程度存在着高品质文化事业不够充分、普惠性文化事业不够均衡等不足。

以人文经济为支点：开掘城市高质量发展新动能

对于不同城市来说，关键在于找到人文经济学的正确"打开方式"，兼顾经济的人文化和人文的经济化，以开放、创新、包容的人文精神润泽城市经济发展的土壤，以公平、共享、绿色的人文价值规范城市经济价值导向，做优做强文化产业，努力提供均衡普惠的文化事业，助推中国式现代化行稳致远。

提炼融合历史传承、文化传统、城市个性等要素的人文精神，为城市经济高质量发展提供丰厚土壤。城市特色风貌是城市外在形象和内在精神的有机统一，是自然地理环境、经济社会因素、居民生产生活方式等长期积淀形成的城市文化特征，城市人文精神在城市特色风貌塑造过程中发挥着重要作用，是城市竞争力的重要评价维度。要结合城市自身的历史传承、区域文化、时代要求等，凝练城市人文精神、塑造城市特色风貌，对外树立形象，对内凝聚人心。要注意把握城市人文精神鲜明的时代性，面向未来引导城市人文精神走向，不断丰富拓展城市人文精神内涵。

强调公平、共享、绿色的人文价值，升级城市经济高质量发展的价值导向。要在做大"蛋糕"的基础上分好"蛋糕"，以户籍等制度改革为突破口，切实保证人民群众享有平等的教育、就业、医疗、福利等权利；可规范调节收入分配秩序，优化财政配置结构，加快健全统筹社会保险、社会救助、社会福利等的社会保障体系，探索各种合作方式，建立利益协调机制，构建人人参与、人人负责、人人奉献、人人共享的城市治理共同体。积极倡导绿色生活、绿色出行、绿色消费新风尚，积极推动经济社会发展全面绿色转型，全面推进韧性安全城市建设，全面提升防灾减灾救灾能力。

做大做强文化产业，为城市经济高质量发展注入新动能。文化产业是推动社会主义文化繁荣发展、更好满足人民精神文化生活需求的有效途径。壮大文化产业，必须坚持把社会效益放在首位，实现社会效益和经济效益相统一，健全现代文化产业体系和市场体系，改造提升传统文化业态，加快发展新型文化企业、文化业态、文化消费模式，推动文化产业全面转型升级，提高质量效益和核心竞争力；以新技术、新手段、新模式激活文化资源，培育新动能、打造新优势，不断拓展人文经济发展空间；运用数字化技术全面推动中华优秀传统文化创造性转化、创新性发展，将文化资源转变为有价值、可交易的文化产品和服务，加快形成一批具有中国特色的知名文化产品和服务贸易。

协同推进均衡普惠的文化事业，为城市居民创造高品质生活。正如习近平总书记强调的，"城市不仅要有高度，更要有温度"。在社会主义现代化建设过程中，要全面践行人民城市理念，重视文化事业发展，把增进民生福祉作为城市建设和治理的出发点和落脚点。确保高品质人文事业保持公益性、社会性，持续扩大基本覆盖面，要以基层综合性文化服务中心和县级文化馆图书馆总分馆制建设为抓手，促进优质资源向城乡基层延伸。建立基本公共文化服务体系，要坚持重心下移、资源下移、服务下移，建立多元主体参与的价值共创机制，充分发挥国有文化企业的主力军作用，将基层公共文化设施融入一刻钟便民生活圈建设，开展菜单式服务。营造生活和文化设施场景，要深入理解历史文化底蕴，挖掘当地文化特征，细分不同群体的场景需求，找到历史文化底蕴与当下社会生活的连接点，将传统文化真正嵌入街区空间的骨架中，增强街区特色，提升街区品质。

作者分别为上海社会科学院研究员、上海社会科学院博士研究生

《光明日报》2023 年 12 月 7 日第 7 版

建构中国人文经济学自主知识体系

逄锦聚

习近平总书记在 2023 年全国两会期间参加江苏代表团审议时提出："上有天堂下有苏杭，苏杭都是在经济发展上走在前列的城市。文化很发达的地方，经济照样走在前面。可以研究一下这里面的人文经济学。"什么是人文经济学，为什么要构建人文经济学，我们要构建什么样的人文经济学，如何建构中国人文经济学的自主知识体系？这些都是值得我们深入思考的问题。

构建人文经济学的重要意义

人文指人类社会的各种文化现象。人文经济学是经济学、文化、艺术、美学、教育、哲学、历史、法律等多学科交叉融合的学科，就其研究对象而言，是研究经济与文化相互交融从而促进经济社会协调发展、满足人民美好生活需要的学科；从基本学科属性看，它归属于经济学门类。当前，建构中国自主的人文经济学知识体系具有重要意义。

一是推进强国建设、民族复兴伟业的需要。新中国成立后特别是改革开放以来，我国创造了经济快速发展和社会长期稳定的奇迹，党的十八大以来，党和国家事业取得历史性成就、发生历史性变革，为中国自主的人文经济学知识体系建构奠定了实践基础。党的二十大提出："从现在起，中国共产党的中心任务就是团结带领全国各族人民全面建成社会主义现代化强国、实现第二个百年奋斗目标，以中国式现代化全面推进中华民族伟大复兴。"强国建设、民族复兴需要有人文与经济交叉融合的人文经济学作为支撑，在不断厚植现代化的物质基础的同时，大力发展社会主义先进文化，促进物质的全面丰富和人的全面发展。

二是繁荣中国哲学社会科学的需要。人文经济学是中国特色哲学社会科学的重要组成部分。从长远看，文化自信是一个国家、一个民族发展中最基本、最深沉、最持久的力量。把中国经济学自主知识体系的建构与中国人文学科自主知识体系的建构结合起来，实现人文学科与经济学科的融合发展，必将推动中国特色哲学社会科学更加繁荣发展。

构建人文经济学必须坚持以马克思主义为指导

马克思主义是科学的理论、人民的理论、实践的理论、开放发展的理论，是我们立党立国、兴党兴国的根本指导思想。建构中国人文经济学自主知识体系必须坚持以马克思主义为指导。

首先，以马克思主义关于经济与文化相互关系的基本原理为指导。马克思指出，"人们在自己生活的社会生产中发生一定的、必然的、不以他们的意志为转移的关系，即同他们的物质生产力的一定发展阶段相适合的生产关系。这些生产关系的总和构成社会的经济结构，即有法律的和政治的上层建筑竖立其上并有一定的社会意识形态与之相适应"。恩格斯认为："人们首先必须吃、喝、住、穿，然后才能从事政治、科学、艺术、宗教等等；所以，直接的物质的生活资料的生产，从而一个民族或一个时代的一定的经济发展阶段，便构成基础，人们的国家设施、法的观点、艺术以至宗教观念，就是从这个基础上发展起来的，因而，也必须由这个基础来解释，而不是像过去那样做得相反。"马克思、恩格斯的论述是对经济基础和上层建筑相互关系的经典阐释，是指导我们理解和把握经济与文化相互关系的基本原理。按照这一基本原理，经济与文化的关系表现为经济的发展决定文化的发展，而作为意识形态和上层建筑的文化，是一定社会经济的反映，又给予社会经济巨大的影响。

其次，坚持以习近平新时代中国特色社会主义思想为指导。习近平新时代中国特色社会主义思想，是当代中国马克思主义、21世纪马克思主义，是中华文化和中国精神的时代精华，实现了马克思主义中国化时代化新的飞跃，必须长期坚持并不断发展。以习近平新时代中国特色社会主义思想为指导构建人文经济学，一是坚持以人民为中心的根本立场。把以人民为中心、扎实推进人民物质富裕和精神富裕、不断满足人民日益增长的美好生活需要，作为人文经济学的出发点、落脚点和主题主线，贯穿人文经济学的整个理论体系。二是把握好习近平新时代中国特色社会主义思想的世界观和方法论，坚持好、运用好贯穿其中的立场观点方法。把马克思主义这个魂脉和中华优秀传统文化这个根脉紧密结合起来，尤其要在弘扬中华优秀传统文化的基础上，把中国共产党成立 100 多年、新中国成立 70 多年、改革开放 40 多年发展史中形成的优秀经济思想、文化思想作为人文经济学的核心内容，从学理上阐释清楚。三是把习近平经济思想和习近平文化思想贯穿于人文经济学的全部知识体系。习近平经济思想是当代中国马克思主义政治经济学、21 世纪马克思主义政治经济学。习近平文化思想是新时代党领导文化建设实践经验的理论总结，是对马克思主义文化理论的丰富和发展，为我们在新时代新征程继续推动文化繁荣、建设文化强国、建设中华民族现代文明提供了强大思想武器和科学行动指南。中国人文经济学的构建，必须坚持以习近平经济思想和习近平文化思想为指导。

构建人文经济学的主要着力点

立足中国实践，坚持问题导向，反映时代进步。人文经济学本质上是一门历史的科学，它首先研究人文经济在一个具体国家、每个发展阶段的特殊规律，只有在完成这种研究以后，才能确立适用于人文经济发展的普遍规律。党的十八大以来，以习近平同志为核心的党中央在坚持以经济建设为中心的同时，把文化建设摆在全局工作重要位置，推动我国经济、文化发展相互促进，同时不断深化对经济建设、文化建设的规律性认识，提出一系列新思想新论断。建构中国人文经济学自主知识体系，应在总结好这些经验的基础上，进一步聆听时代和实践的声音，坚持问题导向，讲好中国故事，着力对现代化建设提出的重大课题进行研究，揭示中国人文经济发展的特殊规律，在此基础上进一步揭示人文经济发展的一般规律。

挖掘并弘扬我国促进经济文化协调发展的优良传统。我国有着五千多年悠久历史，在农耕文明时期，我国经济发展长期居于世界领先水平，并在此基础上形成了灿烂的文化，对世界产生重大影响，极大促进了世界经济的发展。中华民族几千年集聚的知识和智慧，蕴藏着解决当代人类面临的难题的重要启示。我们应加强对中华优秀传统文化的挖掘和弘扬，使中华民族最基本的文化基因与现代社会相协调，推动中华优秀传统文化实现创造性转化、创新性发展。

努力创新和阐释新范畴。范畴是人的思维对客观事物的普遍本质的概括和反映，任何人文社会科学都需要以范畴为基础。建构中国人文经济学自主知识体系，需要创造一系列新范畴，这些范畴可以从我国已有的文化范畴、经济范畴中借鉴并作出新的阐释，赋予新的内涵，如以人民为中心、高质量发展、物质文明与精神文明相协调等。也可以吸收借鉴国外已有的范畴，但不能简单照抄照搬，须从中国实际出发，赋予其新内涵，使之不仅具有鲜明的中国特色，而且反映人文经济发展的一般性。

　　着力阐释系统学说，建构科学的体系结构。建构中国人文经济学自主知识体系，不仅要总结好实践经验，而且要总结吸收学术界已有的成果，推进这些成果的体系化、系统化。应立足中国特色社会主义发展实际，以新发展理念引领高质量发展、繁荣中国特色社会主义文化、满足人民美好生活需要为主线，建立与我国发展阶段相适应的人文经济学体系结构。尝试从社会主义初级阶段，中国特色社会主义制度，经济和文化融合发展的机制和方式，经济和文化融合发展的微观基础，经济和文化融合发展的现代市场体系，人文经济体制的改革创新等方面，对中国人文经济学的一系列重大问题进行阐释，建构起中国人文经济学的自主知识体系。

作者为南开大学政治经济学研究中心、
中国特色社会主义经济建设协同创新中心教授
《光明日报》2024 年 1 月 16 日第 11 版

用人文经济建设
丰富中国式现代化内涵

陈能军

发展人文经济，要义在于促进经济发展与文化繁荣交融共济，这也是中国式现代化内涵不断丰富的重要表现。习近平总书记指出，中国式现代化是物质文明和精神文明相协调的现代化。这一论述强调了经济与文化的融合发展问题。人文经济要坚持以人民为中心，用文化繁荣赋予经济发展深厚的人文底蕴，推动文化与经济交融互动、融合发展，形成高质量发展的强大动力。

人文因经济加持而焕发生命力，经济因人文内涵注入而彰显底蕴。全面推进中国式现代化建设，要高举人文旗帜，涵养人文精神，注重人文关怀。以高质量发展的人文经济助推中国式现代化建设，可从以下三方面着手。

一是坚持以人民为中心，关注人民的权益和福祉。注重人的全面发展，奋力推进物质文明和精神文明相协调的现代化，提升人民幸福感，实现物质生活和精神生活"双富裕"。注重社会公平与正义，通过改革政策和制度安排，保障基本文化权益，保证全体人民在共建共享发展中有更多获得感，努力做到"幼有所育、学有所教、劳有所得、病有所医、老有所养、住有所居、弱有所扶"。注重环境保护和可持续发展，在追求经济增长的同时，保一江春水常绿，护一片碧野长青，让子孙后代长久享受优良生态环境的自然馈赠。

二是走好新质生产力的发展路径，建设中国式现代化的人文经济。以科技创新为驱动力，将文化元素和文化服务融入科技产品，提高人文经济的技术含量和竞争力。加快文化创意与数字技术、电子信息和互联网等现代高新技术深度融合，从资源要素、生产模式、市场消费、传播推广等各个环节寻找融合点，形成新的具有全球竞争力的人文经济产业链。加大对人文经济的投入和支持，鼓励文化创意、艺术设计、旅游服务等多元融合性文化消费，提高文化和旅游产业在国民经济中的比重。优化人文经济制度生态建设，建立健全体制机制和政策环境，增强人文经济的发展活力和创新能力。

三是立足中华民族现代文明建设，丰富和发展人类文明新形态。传承、创新和弘扬中华文化，以现代技术手段和国际化视野，积极推动人类文明新发展。倡导多元文化共存，推动中国文化产品走向世界，提升国际话语权。加强国际文化交流与合作，促进民心相通，增进各国人民之间的了解和友谊。积极参与全球文化治理，发挥文化软实力优势，为构建人类命运共同体作出更大贡献。中华民族现代文明依托于中国式现代化的实践推动，同时，中华民族现代文明的建设又将为人类文明发展注入新的活力，为构建持久和平、普遍安全、共同繁荣、开放包容、清洁美丽的人类命运共同体贡献中国智慧和力量。

作者为广东省习近平新时代中国特色社会主义思想研究中心

特约研究员

《光明日报》2024年3月26日第5版

以人文经济推动中国式现代化建设

顾　江　姜照君

新时代人文经济立足习近平新时代中国特色社会主义思想，以人民为中心，促进人文与经济交融互生，为实现中国式现代化，助推构建中华民族现代文明，创造人类文明新形态提供雄厚物质基础和磅礴精神动力。人文经济发展的实践探索，是贯彻落实习近平总书记关于人文经济学有关重要指示精神的创新举措，有利于促进以文为魂、以新促质、以融强产，为推动中国式现代化建设作出应有贡献。

以文为魂，推动中华优秀传统文化的创造性转化和创新性发展，激发内在创新活力。通过长城、大运河、黄河、长江国家文化公园建设等，打造中华文化重要标志，展示中华民族独特的精神标识，铸牢中华民族共同体意识。充分挖掘优秀传统文化内涵，打造文艺精品，把特色文化资源转化为数字文化资产，推动历史文化资源转化为新型生产要素并实现市场化应用。发挥文化的支点和撬动作用，将历史文化资源转化为新流量、新动能，将优质文化资源转化为产业发展优势。

以新促质，培育新技术、新业态、新模式，激活发展新动能。加强文化与科技的深度融合，推动中华优秀文化成果走向数字化、网络化、智能化，助力实现中华文化全景呈现、中华文化数字化成果全民共享。以技术创新、应用创新和模式创新激活文化资源，创新文化业态，开发多元化的文化消费数字化应用场景，形成一批技术创新、产品创新、模式创新、服务创新的文化消费新场景。

以融强产，推进生产、生活、生态"三生融合"，实现"产城人景文"融合发展。人文经济深挖在地文化资源，围绕独具地方特色和个性的核心文化元素，推动产业要素、生活要素和生态要素的有序搭配，汇集人流、资本流和信息流等要素，促进生产、生活与生态的和谐共生，提升品牌吸引力和影响力。以园区、街区、社区为载体，充分整合区域服务资源，构建多元合作机制，优化资源配置，一体化布局生产空间、生活空间和生态空间，构建创意创新创业的生态系统，提高区域发展的质量效益，提升城市知名度和美誉度，提升居民归属感和幸福指数。例如，无锡坚持以人为本，积极探索"三生融合"路径，着力打造高品质"科产城人"有机融合的创新友好型空间。

人文经济强调以人为本的发展理念，坚持以人民为中心，是兼顾人文与经济、效率与公平、技术与人性、经济与环境的经济形态，赋予经济发展以深厚的人文价值,将经济发展的目标落脚到提升人民物质和文化生活福祉之上。人文经济发展的探索实践,是地区文化与经济协同高质量发展的重要取向,体现文化与经济交融共兴的属性,也由此引领各地经济社会发展,从而服务于中国式现代化建设和人民美好生活创造。

作者分别为南京大学商学院教授、上海交通大学教授

《光明日报》2024 年 4 月 16 日第 5 版

一体学思践悟习近平经济思想
和习近平文化思想

邱海平

中国式现代化的突出优势在于其全面性和创新性，新时代改革开放和中国特色社会主义建设实践的突出特点在于其系统性和集成性。在全面建设社会主义现代化国家的过程中，必须从习近平新时代中国特色社会主义思想的整体性出发，坚持运用这一重要思想蕴含的世界观和方法论，深刻认识文化与经济的关系，深刻理解和准确把握习近平经济思想和习近平文化思想的内在统一性，一体学思践悟习近平经济思想和习近平文化思想，更好推动文化与经济融合发展。

文化与经济交融互动

当代经济社会发展的一个重要特征和趋势，就是文化与经济的交融互动。一方面，文化要素与内涵越来越多地融入并影响着经济发展，表现为经济文化化；另一方面，一些文化产业发展迅速、市场化程度提高，表现为文化经济化。经济文化化提高了经济发展的人文品质，能够更好满足人民美好生活需要；文化经济化增强了文化发展的驱动力，拓宽了文化的发展空间。早在 2006 年，习近平同志在浙江工作期间就提出，"所谓文化经济是对文化经济化和经济文化化的统称，其实质是文化与经济的交融互动、融合发展"。这一重要论断具有鲜明的理论创新性，同时是对浙江经济文化发展实践经验的科学总结，具有深厚的实践根基和依据，并经受了实践的检验。

党的十八大以来，习近平总书记多次谈及文化与经济的关系。2023 年全国两会期间，习近平总书记在参加江苏代表团审议时指出："上有天堂下有苏杭，苏杭都是在经济发展上走在前列的城市。文化很发达的地方，经济照样走在前面。可以研究一下这里面的人文经济学。"2023 年 7 月，习近平总书记在江苏考察时指出，苏州在传统与现代的结合上做得很好，不仅有历史文化传承，而且有高科技创新和高质量发展，代表未来的发展方向。这些重要论述为推动文化建设和经济建设协同发展、实现物质文明和精神文明相协调的现代化指明了方向。在全面建设社会主义现代化国家伟大实践中，必须全面践行社会主义核心价值观，大力弘扬中华优秀传统文化、革命文化、社会主义先进文化，大力弘扬科学家精神、企业家精神、工匠精神等，为推动经济高质量发展提供强大的精神驱动力和健康向上的文化氛围。

把握思想内在统一性

习近平经济思想和习近平文化思想，共同体现着习近平新时代中国特色社会主义思想的世界观和方法论以及贯穿其中的立场观点方法，是新时代我国经济建设和文化建设的行动指南。全面建设社会主义现代化国家，必须立足经济与文化的互动关系与融合发展，深刻认识和把握习近平经济思想和习近平文化思想的内在统一性和实践要求。

必须深刻认识习近平经济思想蕴含的深厚文化底蕴和博大人文精神。习近平经济思想是马克思主义政治经济学在当代中国、21世纪世界的最新理论成果，开拓了中国特色社会主义政治经济学新境界。马克思主义政治经济学以无产阶级和全人类的彻底解放为根本旨归，科学揭示了人类社会特别是资本主义社会经济运动规律。中国共产党忠实秉承和大力弘扬马克思主义的科学精神和人文精神，坚持为人民谋幸福、为民族谋复兴、为世界谋大同，坚持把马克思主义基本原理同中国具体实际相结合、同中华优秀传统文化相结合，坚持运用马克思主义政治经济学的理论和方法科学分析不同历史时期的经济形势，制定科学的经济政策，在各个历史时期取得一个又一个伟大胜利。

党的十八大以来，以习近平同志为核心的党中央坚持把马克思主义基本原理同中国具体实际相结合、同中华优秀传统文化相结合，在实践中形成和发展了习近平经济思想，指导我国经济发展取得历史性成就、发生历史性变革。习近平经济思想鲜明主张坚持以人民为中心，融合了马克思主义关于人民群众是历史创造者的基本观点与中华优秀传统文化倡导的民为邦本、为政以德的治理思想；鲜明主张遵循客观规律及充分发挥制度优势和主观能动性，融合了马克思主义关于认识和实践相统一的世界观与中华优秀传统文化倡导的知行合一的哲学思想；鲜明主张坚持绿色发展理念，融合了马克思主义关于人与自然关系的思想与中华优秀传统文化倡导的天人合一、万物并育的生态理念；鲜明主张坚持"两点论"和"重点论"相统一与协调发展理念，融合了马克思主义的唯物辩证法与中华优秀传统文化中执两用中、守中致和的思维方法；鲜明主张创新是引领发展的第一动力，融合了马克思主义发展观与中华优秀传统文化推崇的革故鼎新、与时俱进的思想；鲜明主张坚持开放发展理念和推动构建人类命运共同体，融合了马克思主义关于世界历史的思想与中华优秀传统文化中讲信修睦、亲仁善邻的交往之道和天下为公、天下大同的社会理想。

必须深刻认识习近平文化思想的丰富内涵及其经济学方法论意义。习近平文化思想内涵丰富、博大精深，涵盖文化传承发展、哲学社会科学工作、党的新闻舆论工作、文艺工作、网络安全和信息化工作、高校思想政治工作等各个领域，蕴含着大文化观，不仅是做好宣传思想文化工作的行动指南，而且对于包括经济学在内的哲学社会科学的创新发展具有十分重要的方法论指导意义。必须从宏阔视野和时代要求出发，增强文化自觉和文化自信，加快构建中国特色哲学社会科学学科体系、学术体系、话语体系，为中国式现代化提供强大的学理支撑，为建设文化强国、建设中华民族现代文明提供正确的思想引领，为中华民族伟大复兴涵养深厚的文明底蕴。

2016年5月17日，习近平总书记在哲学社会科学工作座谈会上深刻阐明了哲学社会科学在推动人类文明进步和我国社会发展中的重要地位和作用，明确提出继续推进马克思主义中国化、时代化、大众化，加快构建中国特色哲学社会科学，不断推进学科体系、学术体系、话语体系建设和创新，为我国哲学社会科学学术研究和创新发展指明了方向。2022年4月25日，习近平总书记在中国人民大学考察时进一步指出，加快构建中国特色哲学社会科学，归根结底是建构中国自主的知识体系。"中国自主"强调的是主体性，而我们的主体性来源于中华民族的独特历史、中华文明的独特优势、中国共产党的独特品质、中国的独特实践及其在世界上的独特地位和影响等。习近平总书记指出："我们的哲学社会科学有没有中国特色，归根到底要看有没有主体性、原创性。跟在别人后面亦步亦趋，不仅难以形成中国特色哲学社会科学，而且解决不了我国的实际问题。"党的二十大报告深刻阐明了"两个结合"，科学揭示了开辟马克思主义中国化时代化新境界的方法、途径以及党的理论和实践创新发展规律，同时，明确把加快构建中国特色哲学社会科学学科体系、学术体系、话语体系作为"推进文化自信自强，铸就社会主义文化新辉煌"的重要内容。2023年6月2日，习近平总书记在文化传承发展座谈会上阐明了中华文明的突出特性和"第二个结合"的丰富内涵及其重大意义。习近平文化思想的理论精髓体现了对马克思主义发展规律和中华文化发展规律在思想认识上的升华，不仅彰显了高度的文化自觉和文化自信，而且为构建中国特色哲学社会科学、建构中国自主的知识体系提供了根本的方法论指引。必须以习近平文化思想为指引，坚定文化自信、秉持开放包容、坚持守正创新，从为全面建设社会主义现代化国家、全面推进中华民族伟大复兴提供坚强思想保证、强大精神力量、有利文化条件的战略高度出发，加快建构包括经济学在内的中国特色哲学社会科学自主知识体系。

总之，习近平经济思想和习近平文化思想是内在一致的，只有一体学思践悟，才能推动文化与经济交融互动、融合发展。

推动文化繁荣发展与经济现代化

到 21 世纪中叶把我国建成富强民主文明和谐美丽的社会主义现代化强国是第二个百年奋斗目标，高质量发展是全面建设社会主义现代化国家的首要任务，满足人民日益增长的精神文化需求、增强实现中华民族伟大复兴的精神力量是建设社会主义文化强国的重要任务，物质文明和精神文明相协调是中国式现代化的突出特色和内在要求。新时代我国社会主义现代化建设实践要求我们必须大力开展文化经济学和经济文化学研究，一体学思践悟习近平经济思想和习近平文化思想，协同推动文化繁荣发展与经济现代化。

我国社会主要矛盾已经转化为人民日益增长的美好生活需要和不平衡不充分的发展之间的矛盾，人民美好生活需要体现在经济、政治、文化、社会、生态等方面。我国发展不平衡不充分的一个重要表现，就是在物质生产日益发达和人民物质生活水平不断提高的同时，人民日益增长的文化生活需求还未得到充分满足。在大力发展中国特色社会主义文化事业的同时，必须高度重视现代文化产业和人文经济学的发展。近些年来，我国文创、文旅、网络文学、网络直播、沉浸式体验等文化新业态的快速发展表明，现代化文化产业是现代科技、产业和文化的聚合体，在促进科技创新和企业经营创新、弘扬中华优秀传统文化、吸收借鉴国外优秀文化成果、涵养文化创造力和文化情怀、满足人民美好文化生活需要等各方面，都具有广泛的积极作用，是拥有巨大发展空间和前景的朝阳产业。要通过文化经济学理论与实践研究，全面总结当代文化产业发展实践经验，科学揭示文化经济发展规律，形成系统化的文化经济学说，为促进我国文化产业高质量发展提供科学的理论指导。

在大力繁荣发展文化事业和文化产业的同时，还必须深入开展经济文化学理论与实践研究，推动我国经济高质量发展。狭义的文化具有更加突出的相对独立性，广义的文化则渗透和体现在经济社会的各个方面，甚至从一定意义上可以说，人类文明产生之后包括经济在内的一切社会现象无不打上文化的烙印，特别是在具有5000多年文明历史的中国，悠久而博大精深的独特历史文化的影响几乎无处不在。从经济与文化的内在联系看，显然不能完全脱离经济发展来谈文化发展，否则很容易陷入文化决定论的唯心主义泥潭；也不能完全脱离文化发展来谈经济发展，否则很容易犯片面的经济决定论错误。经济文化学就是要侧重研究社会历史、语言、传统、文化、价值、道德、习俗、法律等人文因素和制度因素对于各类经济活动主体的经济行为以及社会经济运行与发展过程的影响机理、路径与结果。从人类历史过程和我国经济发展实际看，社会经济特别是市场经济发展到一定阶段，不仅文化产业日益发展为越来越重要的现代产业，而且文化对于人们的经济活动和社会经济过程的影响越来越广泛而深刻，从而为经济文化学研究和经济文化学理论体系构建提供了现实基础和社会需求。开展经济文化学理论研究，就要以习近平经济思想和习近平文化思想为指引，全面总结当代中国经济文化发展实践经验，深入研究弘扬中华优秀传统文化和建设中华民族现代文明与经济高质量发展和人的现代化的交互作用及其内在统一性，科学揭示当代经济文化发展规律，形成系统化的经济文化学说，为促进我国经济高质量发展和文化繁荣发展提供科学的理论指导。

总之，大力开展文化经济学和经济文化学理论与实践研究，一体学思践悟习近平经济思想和习近平文化思想，有利于加快建构中国自主的知识体系，促进我国文化与经济的交融互动、融合发展，推动物质文明和精神文明协调发展，更好满足人民日益增长的美好生活需要。

作者为中国人民大学习近平新时代中国特色社会主义思想
研究院副院长
《经济日报》2024 年 1 月 12 日第 11 版

提升特色地域文化品牌价值

朱　尖

纵观人类社会发展史，文化与经济从来都是紧密联系、相辅相成的。经济发展为文化的形成与传承奠定物质基础，同时，文化要素与内涵越来越多地融入并影响着经济发展，赋予经济发展以人文价值和组织效能。

高质量发展是全面建设社会主义现代化国家的首要任务。高质量发展不只是经济要求，而且是对经济社会发展方方面面的总要求。推动高质量发展，既要构建高水平社会主义市场经济体制、建设现代化产业体系、推进乡村全面振兴、促进区域协调发展、推进高水平对外开放，又要把文化建设放在全局工作的突出位置，以文化人、以文惠民、以文润城、以文兴业。

文化是推动高质量发展的重要支点，是满足人民日益增长的美好生活需要的重要因素。更好推动高质量发展，既要深刻把握文化与经济的内在联系，又要明确用好文化这一重要支点的有效路径，切实发挥文化对经济发展的促进作用。以文化为支点，凝聚精神合力、培育内生动力，充分激发"文化+"的赋能效应，发挥文化在提升产品档次、激活产业动能、优化经济结构、提高组织效能等方面的重要作用。

从人文经济学和区域经济学的角度看，特色地域文化能够推动形成具有特色的区域经济，区域经济更好发展也能够彰显特色地域文化。地域文化为区域经济发展提供独特资源，推动形成具有特色的区域产业，进而形成独具特色的区域经济类型和发展模式，为区域经济发展提供精神动力，增强区域发展的影响力和竞争力。与此同时，区域经济的发展可以进一步带动地域文化的繁荣，进而实现二者融合发展。系统总结文化与经济融合发展的经验，充分发挥文化在高质量发展中的支点作用，打造具有鲜明特色和深刻内涵的地域文化品牌，实现地域文化与区域经济的良性互动，应是当前和今后一个时期的重要任务。

一方面，地域文化品牌建设要以服务区域经济发展为落脚点。近年来，山东地区的"齐鲁文化"、山西地区的"三晋文化"、内蒙古地区的"北疆文化"等一系列地域文化品牌建设，基本都伴随着当地产业转型升级与文旅融合发展，有力推动了区域经济发展。下一阶段，需进一步健全现代文化产业体系、市场体系和公共文化服务体系，促进资源要素向优势文化产业和企业集聚，强化文旅融合，通过打造文化品牌提升产业附加值，努力实现社会效益和经济效益相统一。

另一方面，地域文化品牌建设要立足地方实际，严谨、科学推进。文化品牌建设需与本地区历史、人文、地理、风俗等具体实际相结合，深入挖掘文化内涵，突出地域性特点和品牌效应。要紧紧围绕地域文化特色以及品牌特质、品牌定位等，进行科学提炼和论证，加强阐释和宣传；还要做好传承与弘扬，推动中华优秀传统文化创造性转化和创新性发展，展现地域文化特色和精神气质，增强文化软实力和影响力。

地域文化品牌建设要将服务区域经济发展作为重要目标，深刻把握文化对高质量发展的支点意义，实现文化与经济交融互动、融合发展，以地域文化繁荣为区域经济发展注入强劲动力。

作者为中国社会科学院习近平新时代中国特色社会主义思想
研究中心特约研究员
《经济日报》2024 年 3 月 12 日第 10 版

大力发展文化产业

欧阳雪梅

文化兴则国运兴，文化强则民族强。党的十八大以来，以习近平同志为核心的党中央高度重视文化产业繁荣发展。习近平总书记深刻指出，推动高质量发展，文化是重要支点。大力发展文化产业、不断激发全民族文化创新创造活力，是提升国家文化软实力和中华文化影响力的关键支撑，对于全面建设社会主义现代化国家、全面推进中华民族伟大复兴，具有重大而深远的历史意义。

一

文化产业具有高附加值、低能耗、低污染的特点，有创新性强、融合性强、可塑性强的优势，是典型的绿色经济、低碳经济。文化产业高质量发展，契合人们追求美好生活需要，可以满足人民群众日益增长的多元化、个性化需求，也能有效促进消费、拉动内需、推进产业链升级，推动经济持续健康发展。习近平总书记指出，要推动文化产业高质量发展，健全现代文化产业体系和市场体系，推动各类文化市场主体发展壮大，培育新型文化业态和文化消费模式，以高质量文化供给增强人们的文化获得感、幸福感。这为加快文化产业发展指明了前进方向、注入了新的动力。

近年来，国家出台一系列政策文件，深化文化体制机制改革，推动文化产业和文化市场健康发展。

文化新业态成为文化产业中最活跃和最具成长性的力量。顺应数字化发展趋势，国家实施数字文化产业高质量发展战略，文化产业网络化、智能化、数字化转型速度加快，线上演播、网络直播、沉浸式体验等新业态快速崛起，文化新业态行业带动效应明显。

文化旅游融合发展。2023 年，我国国内出游人次 48.91 亿，同比增长 93.3%。国内游客出游总花费 4.91 万亿元，同比增长 140.3%。入境游客 8203 万人次，入境游客总花费 530 亿美元。旅游的火爆对于拉动内需、促进就业、活跃市场、提振信心都起到了非常重要的作用。2023 年贵州"村超""村 BA"的走红，是乡土文化、少数民族文化、大众体育文化、全媒体传播共同书写的结果，走出了文旅赋能乡村振兴的新路。

文化贸易在坚持高水平对外开放的格局下，迎来"量质齐升、更上层楼"的发展阶段。2012 年至 2022 年，中国对外文化贸易由 217.3 亿美元增长为 2217 亿美元。其中，中国文化产品进出口额 1803 亿美元，名列前茅，文化服务进出口额 414 亿美元，我国文化产品进出口规模多年居世界第一位。中国在影视剧、网络文学、网络视听、创意产品等领域出口迅速发展。

二

党的十八大以来，我国文化产业在政策引导、资金扶持、技术迭代、人才创新等多因素影响下，坚持正确的文化价值观，推动文化产业高质量发展，文化产业总量规模稳步增长，产业结构逐步优化升级。新业态发展动能显著增强，传统旅游方式与业态的转型发展，推动文化产品和服务丰富优质，活跃城乡居民文化消费，富有中华文化特色的文化产品走向国际市场。同时要看到，我国文化产业发展仍存在一些问题。

传统文化产业和新兴文化产业发展各有短板。创意设计、工艺美术、演艺业、娱乐业、动漫业、文化会展业、文化装备制造业等传统文化产业虽然已形成较为完整的产业链条，但实力不强、原创精品供给不足、演艺团体改革有待深化。网络视听、电子竞技、沉浸式文化体验、数字文化装备等新兴文化产业发展速度虽然迅猛，但在内容质量、服务水平以及知识产权保护、发展规范性等方面有待提升。此外，新业态人才仍较为短缺。

文化市场主体不发达。我国文化产业规模化和集约化程度不高，文化企业"散小弱"问题较为突出。一些文化企业市场意识不足，缺乏竞争力，对政府资助等依赖性较强。由于金融支持不足，文化企业和项目贷款融资难的问题长期存在。

区域间发展差距较大。由于各地区文化资源禀赋、政策支持、创新能力和市场接受程度等方面的不同，区域文化产业发展差距大，特别是贫困地区同发达地区的数字化创新水平、数字化文化消费水平差距明显。一些地方的文化数字化建设形式和内容较为单一，缺乏跨区域之间的联动机制，共享程度较弱，文化数字生产力发展不充分。此外，农村"空心化"、老龄化，导致乡村文化主体缺失、乡村文化产业基础薄弱、市场发展不成熟、创新性不足、产品同质化严重等问题。

居民文化消费不旺，文化贸易国际竞争力不强。2019 年，我国人均文化消费支出为 2513 元，占人均消费支出比重的 11.7%；2020 年至 2022 年，人均文化消费支出分别为 2032 元、2599 元、2469 元；2023 年，人均文化消费支出虽然增长到 2904 元，但占人均消费支出的比重仅为 10.8%，仍低于 2019 年。中国的自然景观、人文景观独树一帜，但有待进一步转化为外国游客入境游的实际效益。据统计，2023 年日本接待外国游客达 2506 万人次，而同年中国接待外国游客仅 1378 万人次。

三

2024 年 3 月 21 日，习近平总书记在听取湖南省委和省政府工作汇报时，提出两道"融合命题"：一是探索文化和科技融合的有效机制，加快发展新型文化业态，形成更多新的文化产业增长点；二是推进文化和旅游深度融合，把自然风光和人文风情转化为旅游业的持久魅力。这为推动文化产业的结构调整和优化、使供给和需求关系精确有效匹配、推动文化消费指明了方向。答好这两道"融合命题",能为文化产业高质量发展插上翅膀。

首先需要转变观念。文化产业就其内涵和特点来说,不仅能够创造经济价值,提供就业机会,而且能够提升全民文化品质和文化素养,改善公众文化生活。2023年,我国人均国内生产总值超过8.9万元,居民可支配收入不断增长,促进了居民消费需求从物质需求转向精神需求的重要转型,文化消费具有很大潜力。但从整个社会来看,人们对文娱消费价值的认识还不到位,消费热情不高,需要转变轻视文化娱乐活动的传统看法,让广大人民群众认识到满足人的精神文化需求跟满足人的物质需求同样重要。当前,我国消费者更追求精神生活的富足,更讲究体验和需求的多元。各级政府需要充分认识文化旅游消费对促进经济发展的重要作用,聚焦文化领域高质量发展的体制机制障碍、难点堵点问题,持续深化文化体制改革,加大财政投入和金融支持,加强市场监管、社会管理、公共服务职能,优化营商环境,鼓励社会资本进入文化产业,培育壮大文化市场主体,以丰富的有品质的文化产品与服务供给,激发人们释放潜在的文化需求,使其变为实际的文化消费。

谋划文化和科技融合,催生新的文化业态,延伸文化产业链。"文化+科技"深度融合正在全面打通文化创作、消费、传播等环节,这不仅丰富了文化艺术作品的内容与形式,驱动文化产品和服务供给的多样化、全面性、高效性;而且促进了文化产业的高质量发展，加速培育文化领域的新质生产力。当前，人工智能、虚拟现实、5G、大数据等数字技术，共同构建起推动文化创新的技术矩阵。生成式人工智能不仅贯穿文化艺术产业的内容策划、制作传播、数据分析等全模式、全链路，而且在个性化推荐、自动化内容生成、智能化后期剪辑制作、智能版权保护与内容监管等方面切实提高了文化艺术产业的生产效率与文化安全，这将极大提升创意、影视、娱乐等服务行业的生产效能，对未来文化产业发展影响极为深远。例如，中华优秀传统文化的故事性元素与 AR、VR 等人工智能技术的交互融通，使影视与互联网视听节目的原创力得到极大提升，打造了传媒艺术既古典又现代的审美新形态。涵盖传统文化数字化、数字演艺、智慧旅游、展览展示、文物修复、网络直播等领域，代表了虚拟现实在文化领域应用的最新成果。传统产业可通过文化理念创新和技术创新推动转型升级，增加产业附加值和竞争力。

同时，文化与科技的结合，是双向奔赴、双向赋能。数字前沿科技的市场化运用，往往从创新文化消费寻找突破口，而文化消费市场对新产品的认可，又反过来刺激数字前沿科技的研发和创新，两者相得益彰。以网络游戏为例，网络游戏以其巨大的市场需求，已经成为云计算、5G、AR、VR、大数据、人工智能等数字前沿科技的试验场。文化产品、文化消费是培育新质生产力的重要载体。要紧抓前沿技术，抢抓未来文化产业发展先机，加强新一轮数字技术在文化产业领域的集成应用。积极谋划布局前沿科技产业与文化产业的结合，引导促进文化产业与元宇宙、脑机接口、量子信息、人型机器人、生成式人工智能、未来显示、未来网络等融合发展。同时，创新管理方式，对数字时代文化新业态、新产品、新型经营模式等坚持包容审慎监管原则，加强知识产权法治保障，为新领域新业态保驾护航。

加强文旅深度融合。文旅融合是指文化资源与旅游要素在创意、技术、资金、人才等赋能下，为文旅市场提供的多样化的富有文化内涵的新产品、形成的新业态，以满足公众旅游消费需求。当前，文化遗产保护日益突破被动保护局限，在"生产性保护"和"活化性利用"中，通过文创产品、文博旅游、非遗旅游、研学旅游、红色旅游，创造了经济属性和社会价值。"国潮"文化兴起，越来越多的文化遗产成为人们特别是年轻人表达思想与情感的载体以及价值共创的旅游场景。推进文化和旅游的深度融合，传统文化符号和民族文化符号挖掘是重点，时尚娱乐元素是文旅融合的蓝海。数字技术与旅游融合潜力巨大，热门影视剧在促进文旅融合中的魅力无限。一个文化 IP 盘活一个街区，一个文娱场景激活一座城市，一家现代书店入驻激活乡村旅游，一场演唱会引发当地消费潮的案例屡见不鲜。文旅融合的内涵和领域不断拓展，从文化旅游到文商旅一体化发展，文旅融合新业态多元共生。

社交媒体的普及、数字技术和平台的打造，为文旅融合发挥了穿针引线的作用。要推进科技与文旅深度融合，不断丰富文旅应用场景，打通吃、住、行、游、购、娱全链条，全方位满足游客多元化、智能化、体验化、个性化消费新需求，提高文旅产业要素配置率、资源使用率，进一步扩展并优化产业链、价值链。要加强文化旅游资源大数据建设，开展资源数据采集、存储、分析、挖掘、可视化应用等，以文化基因库、数据库、题材库等形式，建设政企互通、事企互联的大数据体系，为文旅资源进入要素市场提供基础，为资源转化提供数据支撑，并最终实现可投资、可增值、可变现。打造文旅融合品牌产品，拓展文旅融合空间，丰富文旅融合载体，构筑多方位、全链条深度融合的产业体系。

推动乡村"农业 + 文化 + 旅游"的融合发展。乡村是中国式现代化过程的重要空间载体，是中国未来新的增长空间。中国是一个农业大国和农业古国，悠久的农耕文明和广袤的国土造就了包括丰富多样的农业文化遗产、非物质文化遗产和传统村落等在内的乡村文化遗产，这些既是乡土中国发展的印迹，也是乡村文旅产业的重要资源。以"农"为基础，通过挖掘和利用农村丰富的生态资源、特色农业、民俗风情、历史故事、民间技艺、村落风貌等各类资源，营造在地性文化特色化场景，打造 IP 形象，并让数字化成为呈现和输出乡村文化的新载体，形成集农事体验、生态旅游、田园养生、亲子体验、拓展训练、民宿康养于一体的文旅服务产品，这既能发挥传承和创新乡村的文化血脉、优化和重塑乡村的产业体系、推动乡村品牌价值提升、吸引消费者在地和多次消费等作用，也是连接城市与乡村、融合传统与现代的关键环节。"一村一品"的差异化"农文旅"模式，是一种极具实践意义的发展路径，小而美、个性化的乡村文旅新业态，对游客具有吸引力，将推动乡村日益成为新消费的主场。

　　产业发展，政策先行。近年来，国家对乡村振兴战略、文旅行业发展提出了更高更具体的要求，公布《国内旅游提升计划（2023—2025 年）》《"我的家乡我建设活动"实施方案》《"大地流彩——全国乡村文化振兴在行动"工作方案》等，促进产业融合，积极鼓励和引导科研院所、企业、行业协会等主体投身乡村服务，借助数字化、信息化科技前沿技术，从政策、土地、人才、技术、金融等多个方面，完善农业社会化服务体系。《关于加快推进乡村人才振兴的意见》明确提出，坚持培养与引进相结合、引才与引智相结合，拓宽乡村人才来源。文化和旅游部办公厅、农业农村部办公厅印发《乡村文化和旅游带头人支持项目实施方案（2023—2025 年）》，持续加强对带头人的指导，发挥示范引领作用，我国乡村文旅产业迎来了前所未有的历史新机遇。

作者为中国社会科学院大学教授

《红旗文稿》2024 年第 8 期

让经济融入人文
让人文浸润经济

刘　洋

2023年全国两会期间，习近平总书记在参加江苏代表团审议时指出："上有天堂下有苏杭，苏杭都是在经济发展上走在前列的城市。文化很发达的地方，经济照样走在前面。可以研究一下这里面的人文经济学。"习近平总书记对研究人文经济学提出了要求，也为揭示文化与经济、传统与现代、传承与创新、理论与实践的辩证关系指明了方向。

历史传承之学

人文经济学的核心要义之一，是让经济融入人文、让人文浸润经济。

文化与经济的双向互动融合自古有之。《晋书》载"起而明之，足以经济"，《周易》云"观乎人文，以化成天下"，《论语》记载了孔子"庶—富—教"的治国"三部曲"。人口增加、物质财富增长是国家发展的基础，但国家发展的最终目的是教化人心、修养民心，这样才能真正实现经济繁盛、人文昌盛的美好生活图景。

在中国传统人文经济思想中，"义利之辨"可谓探讨人文教化与经济活动关联的典例。这构成研究人文经济学的一个思想起点。

"义"是道德、伦理、公义，"利"则主要指向经济利益，"义利之辨"凸显经济发展与教化进步之间的内在联系。管子提出"仓廪实而知礼节，衣食足而知荣辱"，将经济繁荣视为社会稳定和道德教化提升的物质基础。晏子认为"夫民生厚而用利，于是乎正德以幅之"，强调道德力量在规范经济活动中的重要作用。

在中国传统人文经济思想中，对人文经济学影响最为重大的是民本经济观。这构成研究人文经济学的思想支点。

民本经济观凸显政治与经济的密不可分，着眼安邦定国，体现经世济民，是一种重要的发展观。《尚书》提出的"民惟邦本，本固邦宁"，具体到经济发展领域便是"富民""养民"。

孔子进一步提出勿与民争利，宣扬"省力役，薄赋敛，则民富矣""百姓足，君孰与不足"等重要思想；孟子继承其思想，提出让百姓治"恒产"；黄宗羲是明清时期民本经济观发展的重要推动者，反对侵夺"民所自有之田"，主张发展保护民财的产权理念。

新时代，人文经济学在坚持"人民是历史的创造者、人民是真正的英雄"这一马克思主义基本原理的基础上，实现从"民本"到"人本"再到"以人民为中心"的飞跃。只有坚持发展为了人民、发展依靠人民、发展成果由人民共享，才会有正确的发展观、现代化观。

理论创新之学

人文经济学的着力点是人文与经济的合璧，其最大创见与贡献不只是建构"人文"或"有人文"的经济学，也不只是推动优秀传统文化的现代转型，而是实现文化传承与经济发展的整合互动，从而形成推进中国式现代化的发展合力。

第一，人文经济学是对"物质文明和精神文明相协调"现代化特征的具体表达与内容深化。改革开放以来，我们既看到了经济实力、科技实力、综合国力的显著增强，书写了经济快速发展和社会长期稳定两大奇迹新篇章，提供了让中国式现代化行稳致远的物质保障；也看到了社会主义先进文化的大力彰显，社会主义核心价值观的广泛传播，提供了让中国式现代化更为主动的精神力量。

"当高楼大厦在我国大地上遍地林立时，中华民族精神的大厦也应该巍然耸立。"把握"物质富足""精神富有"的根本要求，摆脱传统社会"物质贫困"、现代社会"精神贫乏"的普遍困境，是人文经济学的中国特色和时代内涵。

第二，人文经济学是对"文化力量同经济力量协同发力"现代化动力的辩证考量与提炼总结。人文经济学认为，文化不仅是一种精神现象，更是一种能够影响经济发展的重要力量。习近平总书记用"助推器""导航灯""黏合剂"打比方，生动阐述了文化力量与经济力量交融互动、融合发展的关系，形象解析了文化在经济社会发展各方面所起到的重要作用。

人文经济学激发中国式现代化双重动力，深刻揭示了这样一个道理：一个民族的现代化，只有文化繁荣展示出比物质和资本更强大的力量，才能造就更大的文明进步；一个国家的进步，只有经济发展体现出持续深厚的文化品格，才能进入更高的发展阶段。

第三，人文经济学是对"促进人的全面发展与社会全面进步"现代化目标的准确把握与深刻阐释。现代化的进程不仅是经济增长、物质富足、产业升级和科技创新，即"物"的现代化，更为根本的是"人"的现代化。现代化道路最终能否走得通、行得稳，关键要看是否坚持以人民为中心。

人文经济学坚持以人民为中心的发展思想，将"人文逻辑"内嵌于中国式现代化发展进程，以实现人民对美好生活的向往为出发点，以促进全体人民共同富裕为着力点，推动经济学"人文维度"的回归。

实践开拓之学

理论的价值在于指导实践。北京、上海、苏州、杭州等地的生动实践，阐释了人文经济共生共荣的实践逻辑。从"满足人民日益增长的美好生活需要，文化是重要因素"，到"推动高质量发展，文化是重要支点"，人文经济学的发展与实践不断深化。

　　新时代新征程，人文经济学的实践向度要进一步聚焦推动人、文化、经济三大要素交融互动、共同发展，成为加快形成新质生产力的新引擎。

　　第一，打破经济增长的"人文悖论"，增添社会发展的"人文韧性"。从人文经济学视角出发，经济社会发展要"见数""见物"更"见人"。就研究而言，相对于经济数据、数量模型，更突出人的重要性。在中华文明的深厚基础上，我们有条件汇聚高质量发展的澎湃动能，创造人文与经济共生共荣的发展模式，使"旧邦"走出中国式现代化道路的"新命"、高质量发展的"新路"。

　　新形势下，有必要让人文成为推动经济增长的新源泉、衡量经济发展的新尺度，引领经济发展走向更加优质、均衡与可持续的发展，有效防范"黑天鹅""灰犀牛"等。

　　第二，凝聚发展的精神动力，提升兴业的文化势能。在苏州，"文化+"旅游模式擦亮江南文化品牌，将园林、古镇、博物馆等城市特色文化挖掘成发展城市"夜经济"的富矿；在泉州，"精神+"工商业模式打响"晋江经验"样板，以"敢为天下先、爱拼才会赢"的奋斗精神孕育、发展和壮大中国民营经济；在湘西，"非遗+"扶贫模式打开乡村振兴新思路，让当地农民过上了"守着娃，绣着花，养活自己又养家"的幸福生活。

　　第三，注重人文经济时代化，建设中华民族现代文明。纵观历史，人文底蕴相对深厚、积淀相对丰厚的地区往往经济较为发达，但也存在速度快慢之分、质量高低之别，其中的关键在于人文经济是否适应时代发展。作为国家历史文化名城，苏州有着跨越千秋、博大精深的过往，同时有着活力十足、潮流鲜活的当下，苏州正在形成适应时代环境的人文经济生态。

新形势下，要进一步把文化的力量转化为发展的能量，以中华优秀传统文化、革命文化和社会主义先进文化凝聚共识、汇聚力量，为高质量发展提供强劲动力和有力支撑。

作者为上海财经大学滴水湖高级金融学院教授

《解放日报》2024 年 5 月 11 日第 12 版

人文经济学与中华文明形态

樊和平

人文经济学是什么"学"？其要义不是"人文"经济学，也不是人文"经济"学，不能将人文经济学只当作经济学来研究，否则很可能局限于学科思维的牢笼，无法真正将人文和经济辩证整合。人文经济学是"人文经济"学，其精髓是人文与经济的合璧，是二者辩证互动所创造的成果，如果一定要将它归之于某种"学"，那就是人文经济一体学。我们必须走出学科思维，建构文明思维，在现代文明和现代化的"中国式"意义上理解人文经济和人文经济学。

西方古典经济学家马歇尔在其著作《经济学原理》的开篇就断言：世界历史是由经济力量和宗教力量两种力量形成的。物质世界中根本的力量是经济，精神世界中最高的力量是宗教。"让凯撒的归凯撒，让上帝的归上帝。"这一命题揭示了人类文明的两大基石，这就是经济以及以宗教为核心的人文。但是，这个解释存在内在的明显局限。虽然马歇尔认为宗教和经济两种力量在经济学（准确地说在政治经济学）中必须同时存在，因为经济学本质上是创造财富而不是教人如何发财的学问，但在他的研究中，这两种力量并未真正合一。更大的局限在于，它只对西方文明具有解释力，对中华文明并不完全适用。中华文明的基本力量是什么？宋明理学家程颢说："天下之事，唯义利而已。"中华文化是伦理性文化，中华文明是伦理性文明。对中国来说，跟西方相近的、相通的是生活世界中的经济，而在精神世界中最根本的力量是伦理。所以，伦理和经济如何整合就构成了从传统文明到现代文明的基本问题，正如朱熹所说，"义利之说，乃儒者第一义"。

20 世纪以来，人类世界最重大的文明觉悟是文化觉悟，准确地说是文化与经济关系的觉悟。20 世纪初期，德国社会学家马克斯·韦伯在其著作《新教伦理与资本主义精神》中提出，现代西方文明最重要的秘密，就是改革之后加尔文教即新教为资本主义市场经济所提供的文化动力，即新教伦理所造就的"资本主义精神"。新教伦理解放了人们的谋利冲动，又把这种冲动牢牢锁定在伦理的合理性范围内，如果不按照宗教伦理的指引获利便不能得到上帝的救赎，由此建构了"新教伦理＋资本主义精神"的所谓"理想类型"。韦伯的"理想类型"本质上是宗教与经济，或人文与经济一体化的西方文明的理想模型。20 世纪 70 年代，哈佛大学教授丹尼尔·贝尔在其著作《资本主义文化矛盾》中写道，当代资本主义世界最重要的矛盾不是经济矛盾、政治矛盾，而是文化矛盾，而文化矛盾的核心是经济冲动力与宗教冲动力的分离，要解决现代西方文明合理性的问题，必须重新把经济冲动力和宗教冲动力相整合。20世纪90年代，美国政治学家亨廷顿提出"文明冲突论"，将西方世界20世纪的文化发现延伸到对于国际关系和世界史的研究。他认为，当今世界的冲突，归根到底是各种文化部落或者文明体之间的冲突，而诸文明体、文化部落是以不同的经济和不同的文化尤其是伦理道德的价值观为基础而形成的不同文明形态。

近现代以后中华文明的重大觉悟，同样是文化觉悟，准确地说是以伦理觉悟为核心的文化觉悟。不同的是，它是基于落后挨打，基于对经济发展迟缓的沉痛经验，以对传统文化的深切反思为主题，以由近代向现代乃至包括改革开放等重大社会转型时期所形成的巨大而深刻的文化热为表现形式。在这个意义上，人文经济和人文经济学，是20世纪以来人类文明觉悟的成果，人文经济学所探索和解决的问题，不只是经济，也不只是文化，而是以文化与经济的关系为基础和基本问题的人类文明的合理性和现代文明形态，尤其是中华文明的现代形态问题。

人文经济和人文经济学对现代文明的中华形态建构有何意义？它至少可以对解决现代文明的三大前沿课题作出创新性贡献：文化与经济的发展不平衡问题，文化与经济的共生共荣，经济发展的人文动力。

人文经济学不只是经济学，不能将它局限于对经济学的理解和诠释；它不只是具有人文关切、体现人文价值的经济学，其根本理念不是以人文或文化为工具而发展经济、建构经济学，否则人文或文化将沦落为工具，人文经济在现实形态上将沦落为文化产业。人文经济和人文经济学为经济发展提供合理而充沛的文化力或人文力，为经济社会的健全和持续发展提供人文动力。由此，中国这样悠久而深邃的文化资源，通过创造性转化和创新性发展，不仅成为现代文明的巨大人文力量，而且赋予现代文明和现代化以中华形态和中华气派。在这个意义上，人文经济学本质上是文明学。中国式现代化是物质文明和精神文明相协调的现代化，人文经济、人文经济学就是物质文明与精神文明协调发展之学。

贯彻人文经济理念，既要在理论研究层面取得新进展，又要在实践层面取得新突破，其中最重要的突破之一，就是建立人文经济一体化的咨询决策系统。在咨询决策方面，要实现人文经济一体化的自我超越，实现人文和经济的更好整合。其着力点和突破口是：走出专家思维和专家依赖，加深人文和经济两大领域专家学者的对话交流，建立人文经济一体化的智库系统和决策机制。例如，在城市发展的人文含量、乡村振兴、老龄文明建设等现代化的顶层设计等方面，以人文经济一体化的思维方式、价值取向、理念理论、体制机制等，破解当前经济社会发展难题，为建设中华民族现代文明作出前沿性的探索和新的贡献。

作者为东南大学人文资深教授

《新华日报》2023 年 12 月 5 日第 14 版

新时代人文经济学的价值蘄向

李　扬

2023 年全国两会期间，习近平总书记在参加江苏代表团审议时指出："上有天堂下有苏杭，苏杭都是在经济发展上走在前列的城市。文化很发达的地方，经济照样走在前面。可以研究一下这里面的人文经济学。"习近平总书记提出的"人文经济学"，是我们推进中国式现代化进程中必须高度重视和研究的重大命题，为坚持高质量发展这一新时代的硬道理提供了新理念、新路径和新范式。我们要以高度的政治自觉和文化自信，准确把握新时代人文经济学的丰富内涵和鲜明蘄向，以理论之思回答实践之问，以创新理论赋能实践创新，创造更多人文经济发展的创新探索和生动实践。

新时代人文经济学，是马克思主义基本原理同中国具体实际相结合、同中华优秀传统文化相结合的理论成果，是习近平经济思想与习近平文化思想鲜活运用的实践精华，也是习近平新时代中国特色社会主义思想的原创性贡献。只有坚持马克思主义立场观点方法，才能体悟到新时代人文经济学充盈着的浓郁中国味、深厚中华情、浩然民族魂。

这是具有中国特色的发展经济学的新话语新表达。需要厘清的是，这里关注的"人文经济"不完全等同于传统意义上的文化经济，不是简单延续西方经济学的所谓人性或人文的指向，更不是西方人本主义经济学的再版或翻版。"人文"一语在中国古已有之，《易经》贲卦的象辞上就讲道："观乎天文，以察时变；观乎人文，以化成天下。"今天，作为中国自主知识体系的话语范畴，"人文经济学"是当代中国共产党人积极识变应变求变，大力推进改革创新，不断塑造发展新动能新优势，在实践中不断创新、凝练，并在发展中不断印证的一种新发展共识的集中表达。

这是以系统观念构建发展共同体的新视野新思路。人文经济学研究的是人文与经济如何共同推动社会发展的机理与路径。其精髓要义在于不是立足"人文"说经济，也不是着眼"经济"观人文，更非"人文"和"经济"的拼盘、物理链接，而是彼此生发、两相融合的化学反应。对人文经济学的思考要跳出文化学或经济学的单一视域，将人文和经济辩证整合、双向辐合、同频共振、相向而行。正所谓人文与经济的合璧双美、美美与共，努力创造人文与经济的深度融合，使人文中有经济、经济中含人文，进而形成新发展形态或新社会样态。这是一种发于文化思维和文明思维，内嵌于经济社会发展进程，并在建设中华民族现代文明的价值追求意义上实现人文经济发展的新范式。

这是超越资本主义逻辑的经济发展价值的新觉悟新选择。美国社会学家丹尼尔·贝尔认为，当代资本主义世界最重要的矛盾不是经济矛盾、政治矛盾，而是文化矛盾。这揭示了西方所面临的人文与经济相割裂的某种困境。西方经济学基于"经济人"这一基本假设，构建起一套分析和推演经济增长的理论范式。因为"经济人"只是人的一个向度，所以在实现经济快速发展的同时，人性异化、物欲膨化、贫富分化等一系列问题接踵而来。诺贝尔经济学奖得主、新制度经济学的创始人科斯曾提出："经济学科从人类创造财富的道德科学变为资源配置中的冷酷逻辑，人性的深度和丰富度是最显著的代价。现代经济学不再是研究人类的学科，已经失去了根基，偏离了经济现状。"新时代人文经济学的出场，强调以人文经济推动发展，既解决文化与经济的发展不平衡不充分问题，又寻绎到文化与经济共生共荣的相生之道，从而真正为经济发展提供充沛的文化驱动力、文化引领力，让克服西方经济学的某些局限或重重弊病成为可能。

这是基于中国式现代化的发展旨归的新要求新使命。习近平总书记指出："现代化的最终目标是实现人自由而全面的发展。现代化道路最终能否走得通、行得稳，关键要看是否坚持以人民为中心。"人文经济学牢牢基于人民的中心地位，紧紧锚定人文价值的引领地位，深深融汇中华优秀传统文化的资源，时时追问经济发展的价值取向和财富增殖的终端旨归。人文经济学始终站在马克思主义唯物史观的高度，突破西方经济学既定藩篱和熟稔轨道，摒弃资本拜物教、金钱至上的人文惯性，彻底走出唯以经济利益效用驱动的发展轨迹，让人的自由和全面发展成为经济舞台的重头戏。在这个意义上，中国式现代化不仅是经济的增长、科技的进步、物质的丰裕，即不仅是"物"的现代化，更是"人"的现代化。以人民为中心，以人民福祉为归宿，把实现人民对美好生活的向往作为经济发展的出发点和落脚点，让中国式现代化进程真正成为物质文明和精神文明相协调发展的过程。

新时代人文经济学的提出，着眼以文化为关键动力源泉的经济发展态势，强调文化对经济的能动性力量，力求揭示物质财富与精神财富相互融合、文化发展与经济发展相互促进、传统与现代有机结合、文化与科技双向赋能、人文价值与生产目的相互支撑的经济规律。说到底，让以人民为中心、以人文价值为导向、以文化为基础的经济活动，生动诠释科学社会主义在 21 世纪的中国焕发出的新的蓬勃生机，进一步坚定中国特色社会主义道路自信、理论自信、制度自信、文化自信。

高质量发展是全面建设社会主义现代化国家的首要任务。习近平总书记指出，"推动高质量发展，文化是重要支点"。这一重要论断为人文经济学的广阔实践提供了根本遵循。

"支点"既能以小博大，也能以静制动。支点产生的力，不仅是外引力，而且是内驱力。就支点的角色功能而言，在人文经济发展的进程中，要全面而充分地发挥文化资源、文化业态、文化人才等诸多文化要素的支撑、服务、链接、引领作用；人文经济发展的关键，在于全方位、全周期、全要素地增强文化战略牵引能力、文化要素集聚能力、文化资源配置能力以及区域文化辐射能力；人文经济发展的终端，则在于通过文化与经济的相互激荡、彼此生发、融合共促，提升高质量发展的能级与水平。中共中央办公厅、国务院办公厅印发的《"十四五"文化发展规划》明确指出，必须进一步发展壮大文化产业，强化文化赋能，充分发挥文化在激活发展动能、提升发展品质、促进经济结构优化升级中的作用。在新时代人文经济学的实践中，文化繁荣绝不是孤立的，而是始终与经济、政治、社会、生态文明的繁荣融为一体的。

基于这一视域，人文经济学的实践向度，始终聚焦的是"文化赋予经济发展以深厚的人文价值""文化赋予经济发展以极高的组织效能""文化赋予经济发展以更强的竞争力"这一"化成天下"的大逻辑。只有聚力聚向人文经济的脉理与潜能，从要素供给、载体支撑、政策集成等维度协同发力，才能进一步激活高质量发展新动能。

一是强化人文要素供给力。深度挖掘各地优秀传统文化和革命文化中契合高质量发展要求的元素，综合运用数字化技术手段和现代化运营模式，对历史文物、遗存进行保护修复和活化利用，持续为人文经济发展提供优质的文化创意要素。与时俱进地发展社会主义先进文化，凝练具有标识意义的区域地方精神，增强高质量发展走在前列的精神动力。进一步发挥人文资源的聚合效应、联系效应、乘数效应，吸引集聚高端创新要素，打造区域性高端要素集聚高地，优化资源要素配置效率，夯实高质量发展的物质基础。建立多元对口人文经济发展的专项基金，发挥财政资金的先导作用，引导更多社会资本参与人文经济发展的交叉区域、混合业务。加强以科技为核心的全面创新，为经济和文化插上科技的翅膀，不断培育数智时代新的文化经济业态，完善现代化产业体系，激发澎湃的经济增长新动能。

二是强化人文载体支撑力。围绕人文经济的消费侧，统筹推进传统文化保护传承、历史文化研究挖掘、人文生态环境配套、文旅融合、数字新基建等基础工程。强化对文化创意要素产业化的支持，推进文化与现代科技、传统制造、市场营销等领域的深度融合，强化文化产业业态创新，促进文化创意赋能传统产业，打造合乎人文经济发展导向的现代化产业体系。跳出"文化搭台，经济唱戏"的线性思路，依托区域特色文化资源，培育打造多领域、多层次、多功能的优质文化活动品牌，在创新"文化＋"和"＋文化"运营模式的基础上，进一步探索"人文×"和"×人文"的新载体、新平台，推动文化与经济共生共进，既"你中有我、我中有你"，又"你就是我、我就是你"，实现人文底蕴强、人文价值丰、人文生态优的高质量发展。

三是强化政策集成力。从人文经济强的政策站位，强化宏观政策组合的取向一致性，理性辨析和研判"基层策""地方策"可能出现的"合成谬误"，科学稳妥放大政策的组合效能、整合规制力。瞄准高质量发展的关键节点和重点任务，统筹推进文化政策与经济政策一体化，加强文化和经济不同部门之间的政策配套，培育懂文化也懂经济的复合型专家队伍、人才队伍，推动文化与经济协同互促的政策合成、执行落地。坚持有效市场与有为政府协同推进，加强政策类型、政策功能、政策边界、政策周期的协同配合，以政策合力、部门合力保障人文经济发展行稳致远。

作者为江苏省社会科学院党委委员、副院长

《新华日报》2024 年 1 月 23 日第 15 版

实践篇

高质量发展中的人文经济学观察

发展为了谁，如何实现发展，这是发展价值取向的根本问题。

"人民对美好生活的向往，就是我们的奋斗目标""以高质量文化供给增强人们的文化获得感、幸福感""中国式现代化是物质文明和精神文明相协调的现代化"……习近平总书记的一系列重要论述，彰显高质量发展的人文价值取向。

经济发展以社会发展为目的，社会发展以人的发展为归宿，人的发展以精神文化为内核。

新时代新征程，以习近平同志为核心的党中央坚持把马克思主义基本原理同中国具体实际相结合、同中华优秀传统文化相结合，坚持以人为本、文化赋能、以文兴业，为中国式现代化提供雄厚物质基础和磅礴精神动力。

坚持以人为本的发展宗旨——"满足人民日益增长的美好生活需要，文化是重要因素"

开局之年，伴随经济稳步回升向好，大江南北一幅幅美

生动实践 ● ● ●

好生活的画卷更加清晰可感——

江苏苏州，老城新区各展风采：老城区里，人们在拙政园秉烛夜游，到沧浪亭听昆曲，古老园林有了新的"打开方式"；高新区里，现代化建筑高楼林立，创新企业蓬勃发展，为千年古城插上腾飞的翅膀。

山东淄博，工业老城因烧烤"出圈"：各地网民游客纷纷前来"赶烤"，人们在这一特色消费中感受齐鲁大地的"好客文化"，更在美食文化与历史文化的融合中感受一座城的人气、一城人的文明。

陕西西安，千年唐风引人驻足：中国—中亚峰会的举行令这一古丝绸之路的东方起点人气更旺，登上千年城墙饱览古城风貌，到大唐芙蓉园体验礼仪之邦的待客之道，步入长安十二时辰主题街区共赴大唐盛世……

人文鼎盛，经济繁荣。人文与经济交融共生、相得益彰，越来越多地方正在形成高质量发展中的人文经济新形态。

顺应经济规律，人文经济是高质量发展的应有之义——

用现代设计呈现东方审美，让非遗文化绽放时尚气息……第三届中国国际消费品博览会时装周上，众多国内设计师作品自信展现中式美学。

中国时尚市场从无到有，中国消费者个性化表达持续彰显，进入更优更精的阶段。

商务部发布的《2022 年中国消费市场发展报告》显示，中国已成为全球第二大消费市场，居民消费呈现出品质消费需求旺盛、绿色消费蓬勃发展、健康消费显著升温等新特点。

进入新时代，我国社会主要矛盾转化为人民日益增长的美好生活需要和不平衡不充分的发展之间的矛盾。

这意味着，我国长期所处的短缺经济和供给不足的状况已经发生根本性改变，人民对美好生活的向往总体上已经从"有没有"转向"好不好"。顺应社会主要矛盾的历史性变化，必须以高质量发展满足人们的多样化、多层次、多方面需求。

谷雨时节，海南省五指山市水满乡毛纳村。

热带雨林间，茶树吐绿，阵阵茶香沁人心脾；村寨里，草屋俨然，风情别致，随处可见的黎族文化气息吸引着各地游客。

"多亏了茶叶这个致富法宝，我们村民才摆脱了贫穷。"毛纳村驻村第一书记高力说，我们既要守好茶叶这片"金叶子"，让村民们物质生活更富足；也要传承好黎族文化，让文化遗产变成金山银山，丰富村民精神生活。

生动实践 ● ● ●

发展为了人民，是马克思主义政治经济学的根本立场。

"人民对美好生活的向往，就是我们的奋斗目标。"新时代以来，以习近平同志为核心的党中央创新发展马克思主义政治经济学的"人民性"内涵，始终坚持以人民为中心，推动高质量发展，全面建成小康社会，引领我国发展站在了更高历史起点上。

"美好"一词，既表明百姓生活需要的不断提升，也蕴含我们党不懈奋斗的初心使命。

2023年全国两会期间，围绕高质量发展这一首要任务，习近平总书记在参加江苏代表团审议时强调，必须以满足人民日益增长的美好生活需要为出发点和落脚点，把发展成果不断转化为生活品质，不断增强人民群众的获得感、幸福感、安全感。

"人文经济体现了发展本质的回归。"中央财经大学文化经济研究院院长魏鹏举说，新时代中国的人文经济学，超越了西方经济学的狭隘视野，以人的全面发展为最终目标，体现了高质量发展的初衷。

创造高品质生活，文化丰盈程度成为衡量百姓幸福指数的重要尺度——

浙江杭州，临平智慧图书馆的屋顶犹如群山，露台流水潺潺，精巧的设计阐释着中国山水文化以及绿色建筑理念。

这里是附近家长的首选"遛娃地"，也是所在社区"15分钟品质文化生活圈"的重要组成部分。过去一年，浙江陆续建成8000多个这样的"小圈子"，公共普惠的文化种子，在之江大地茁壮生长。

党的十八大以来，着眼于满足人民精神文化新需求，我国大力推动文化领域供给侧结构性改革，各地争相打造"15分钟品质文化生活圈"，普惠文化供给浸润人民生活空间。

生活品质集经济、社会、文化、精神于一体。习近平总书记强调，"满足人民日益增长的美好生活需要，文化是重要因素"。

数据显示，2022年，我国博物馆举办线下展览3.4万个、教育活动近23万场，接待观众5.78亿人次。截至2022年底，我国共有公共图书馆3303个，成年国民综合阅读率提升至81.8%，未成年人图书阅读率提升至84.2%……高质量的文化供给，正不断提升人民群众的幸福指数。

更加殷实的日子，更加智能化的生活，天蓝、地绿、水净的美好生态，公平公正的法治环境，丰富充实的精神文化生活……在中国高质量发展"致广大"的壮美画卷里，每个人都能找到"尽精微"的幸福坐标。

生动实践 ● ● ●

"经济发展，归根结底还是以人的全面发展为目标。"中国人民大学经济学院教授高德步说，传统经济发展指标重物质而轻人文，而高质量发展阶段则将人文提到了应有的高度，人文经济就是我国经济转向高质量发展的生动呈现。

汇聚文化赋能的发展动力——"推动高质量发展，文化是重要支点"

大国发展实践表明，文化和经济好比人类社会发展的两个车轮，经济奠定发展的物质基础，文化提供发展的动力和价值导向，二者相互交融，在综合国力竞争中的地位和作用日益突出。

今天，随着我国高质量发展进程加快，多地探索以人文和经济的良性互动，不断丰富高质量发展的人文内涵。

以文化赋能经济，助力供给侧结构性改革激活发展新动能。

走进山东青岛啤酒博物馆，浓浓工业风扑面而来。

依托老厂房、老设备建设，博物馆保留着工业遗址百年前的风貌。拾级而上，中国最早的啤酒糖化锅、煮沸锅、过滤槽等老生产设备——展现，而穿过一条"时光隧道"，全球首家啤酒饮料行业工业互联网"灯塔工厂"又将参观者带入工业 4.0 智能造酒的壮观场景。

去北京 798 艺术区参观大师个展，来首钢园解锁元宇宙漫游新体验，到上海杨浦滨江聆听艺术讲座，到江西景德镇陶溪川逛创意市集……越来越多曾经的"工业锈带"变身"城市秀带"，成为创意活动的集聚地和休闲娱乐的消费地。

"文化赋予经济发展以深厚的人文价值"，2005 年 8 月 12 日，习近平同志在《浙江日报》"之江新语"专栏刊发的《文化是灵魂》一文中形容文化的力量"总是'润物细无声'地融入经济力量、政治力量、社会力量之中，成为经济发展的'助推器'、政治文明的'导航灯'、社会和谐的'黏合剂'"。

今天，小到"青花瓷""敦煌金""云锦白"等新款手机的配色，大到"天宫""墨子""北斗"等国之重器的名称，旧如老旧工业园区改造为工业范文创园区的涅槃，新如一大批"中国标准"基础设施项目在海外加速落地，文化赋能经济的实践日新月异。

"推动高质量发展，文化是重要支点""应对共同挑战、迈向美好未来，既需要经济科技力量，也需要文化文明力量"……习近平总书记的重要论述进一步强调了文化的力量。

高德步说，满足人民日益增长的物质文化需求，不仅需要满足使用需求，而且需要给人带来精神愉悦，展现文化自信。这就要求深入推进供给侧结构性改革，为产品和服务注入更多科技含量、文化含量。

以经济"活化"文化，推动中华优秀传统文化的创造性转化、创新性发展。

江苏南京，秦淮河畔。

夫子庙、明城墙、江南贡院等人文胜地交相辉映，晨光1865创意产业园、国创园等文创聚集区讲述着近现代工业变迁——在南京秦淮特色文化产业园，千古文韵和现代商业融合共生。

浙江杭州，"良渚文化大走廊"成为备受瞩目的热词。

当地规划，将以拥有五千多年历史的良渚文化为龙头，与区域内两千多年的运河文化、一千多年的径山文化、双千年古镇文化、苕溪文化和现代数字文化等展示点串珠成链，推动当地产业城市人文融合发展，通过文化兴盛赋能共同富裕。

数据显示，2021年，江苏文化产业增加值超过5900亿元，占全省生产总值的比重从2004年的1.7％提高到5.03％；而在浙江，仅杭州一地2022年的文化产业增加值就达到2420亿元，占全市生产总值比重12.9％。

放眼全国，广东深入实施岭南文化"双创"工程、福建印发《福建文化产业高质量发展超越行动方案（2021—2025年）》、河南启动"文化产业特派员"制度试点工作、安徽编制全国首个省级数字创意产业发展规划……

人文经济的活力在于其源远流长的历史底蕴和永不枯竭的发展动力。习近平总书记反复强调，"推动中华优秀传统文化创造性转化、创新性发展"。

中共中央办公厅、国务院办公厅印发的《"十四五"文化发展规划》明确指出，必须进一步发展壮大文化产业，强化文化赋能，充分发挥文化在激活发展动能、提升发展品质、促进经济结构优化升级中的作用。

以人文理念搭建融合平台，以人文精神护航高质量发展。

高原五月，天蓝草绿。与布达拉宫一河之隔的西藏文化旅游创意园区迎来了初夏的客人。2023年3月，这里被命名为国家级文化产业示范园区。民俗演出、非遗传习、文博展览、手工艺品展销……传统又现代的藏式建筑间，人文气息流淌，产业欣欣向荣。

"发挥地区文化资源优势，把园区打造成为藏文化旅游产品标准输出地、藏文化创意发祥地、高端休闲度假地，使独特文化成为一种优质商品，并最终通过'文化+'赋能西藏经济社会高质量发展，是我们最大的愿景。"园区管委会主任格桑加措说。

更美好的城市、更多元的业态、更有活力的市场、更合心意的产品……如今，"人文精神"正不断丰富高质量发展的内涵，在改革创新中传承发展，更好满足人民美好生活新需要。

"人文经济，是一种经济发展和文化繁荣融合的新发展观。"魏鹏举说，数字经济时代，更需要以富有中国特色的商品文化为核心来贯通生产、流通、消费之间的价值链条、文化脉络，延续中华商业文明。

坚守高质量发展的人文价值——"中国式现代化是物质文明和精神文明相协调的现代化"

"一门父子三词客，千古文章四大家。"

四川眉山三苏祠，北宋著名文学家苏洵、苏轼、苏辙"三苏"父子故居。前来旅游研学的八方来客络绎不绝，在瞻仰古圣先贤中感受文化之美。

2022年6月8日，习近平总书记在眉山市考察三苏祠时强调，"一滴水可以见太阳，一个三苏祠可以看出我们中华文化的博大精深""全党全民族都要敬仰我们自己的文化，坚定文化自信"。

生动实践

今天，行走在眉山城区，从学术研究到遗迹保护再到文旅产业，处处能感受到东坡文化的浸润。千年诗书城走上"以文塑城、以文化人、以文兴业、以文促廉"的人文城市发展道路。

文化兴国运兴，文化强民族强。

中国式现代化是马克思主义基本原理同中国具体实际相结合、同中华优秀传统文化相结合的思想结晶，中国经济社会的高质量发展，体现了人文经济学鲜明的人民性、文化性、民族性。

人民至上，以共同富裕的价值取向实现人的全面发展——

有着"塞外九寨"美誉的黑里河、道须沟，有着奇峰秀水的紫蒙湖，被称作"皇家猎苑"的大坝沟……茫茫燕山间，一个个景点串联成内蒙古赤峰市宁城县正在全力规划创建的"燕山北麓·百里画廊"生态旅游休闲观光带。

"推进中国式现代化，我们最关心如何增加农民收入，实现共同富裕。"宁城县县长张海轩表示，宁城一方面以智慧农业探索农业现代化新路子，另一方面将瞄准"农业＋文化＋旅游"融合发展，拓宽百姓增收致富路径，提高人民幸福指数。

生动实践 ●●●

"现代化的本质是人的现代化""现代化的最终目标是实现人自由而全面的发展"，习近平总书记的重要论断，揭示了中国式现代化的根本目的与价值旨归。

推进中国式现代化，要解决发展的不平衡不充分问题，其中包括解决经济发展与人文社会发展的不平衡，进一步增强人民群众的获得感、幸福感、安全感。

补短板、强弱项、固根本。乡村，既是经济发展的最大潜力，也是人文发展的最大后劲。

古风古韵，各美其美。2023年3月，1336个村落正式列入第六批中国传统村落名录。至此，全国已有8155个传统村落列入国家级保护名录。

习近平总书记指出："乡村文明是中华民族文明史的主体，村庄是这种文明的载体，耕读文明是我们的软实力。"

作为世界规模最大的农耕文明遗产保护群，中国传统村落保护力度持续加大，让农耕文化在与现代文明融合发展中展现新时代魅力风采。

以文兴业，以文化"软实力"打造高质量发展的"硬支撑"——

一条中轴线，是丈量城市价值的标尺，是读懂人文经济之美的窗口。

生动实践 ● ● ●

沉沉一线穿南北，京广线贯穿神州大地。

向北看，700多年历史的北京中轴线，被推荐作为我国2024年世界文化遗产申报项目，进入申遗加速期。北京为此实施了上百项文保工程，并在延长线上新建一批文化重器，在保护中创造发展，走向未来。

向南看，花城广州的城市中轴线上，占地1100公顷的海珠国家湿地公园在2023年2月被列入国际重要湿地名录，成为全国唯一地处超大城市中轴线上的国家湿地公园，为快速扩张的城市保留了珍贵的生态文明空间。

一北一南，两条中轴线，无论是文化遗产保护还是生态环境保护，都在发展与保护的创新实践中书写城市的美好未来。

"敬畏历史、敬畏文化、敬畏生态""经济发展是文明存续的有力支撑""坚持把社会效益放在首位、社会效益和经济效益相统一"……习近平经济思想中蕴含着推动高质量发展的深刻的辩证思维。

"推进高质量发展，一条重要底线就是要坚守人文价值。"魏鹏举说，高质量发展的一个显著特点，就是强调社会总体价值和经济增长之间的平衡关系，深刻体现中国古代哲学核心的义利之辨、仓廪礼节之辨。

以文聚力，以人文经济新实践为中国式现代化凝聚内在

生动实践 ● ● ●

动力——

文化繁荣是国家强盛的精神标识，精神世界丰富是人民富足的文化呈现。

2023年4月13日，承载着中老两国人民的殷切期盼，中老铁路跨境客运列车正式开行。

从中国昆明南站、老挝万象站双向对开，"复兴号"与"澜沧号"相互交会，车厢中随处可见中老双语"丝路通途，美美与共"，一站一景处处彰显两国文化，成为文明交流互鉴的生动写照。

文化是民族生存和发展的重要力量。中华文化既坚守本根又不断与时俱进，使中华民族保持了坚定的民族自信和强大的修复能力，培育了共同的情感和价值、共同的理想和精神。

习近平总书记指出："中国式现代化是物质文明和精神文明相协调的现代化。"党的二十大报告把"人民精神文化生活更加丰富，中华民族凝聚力和中华文化影响力不断增强"作为未来五年我国发展的主要目标任务之一。

树高千尺有根，水流万里有源。

在"人口规模巨大"的现代化实践中感知天下为公、民为邦本的民本思想；

在"全体人民共同富裕"的不懈追求中探寻为政以德、

生 动 实 践 ● ● ●

革故鼎新的治理理念；

在"物质文明和精神文明相协调"的统筹兼顾中体会自强不息、厚德载物的风范品格；

在"人与自然和谐共生"的扎实行动中感悟道法自然、天人合一的发展理念；

在"走和平发展道路"的坚定抉择中读懂讲信修睦、亲仁善邻的社会理想……

植根历史沃土，中国用几十年的时间走完了发达国家几百年走过的发展历程，举世瞩目的成就背后蕴藏着一个东方大国迈向现代化的发展密码，方兴未艾的人文经济新实践正是这一密码的重要一页。

踏上新的征程，中国奋力推进中国式现代化，在人文与经济的良性互动中迈向高质量发展，必将为实现中华民族伟大复兴赢得精神主动、历史主动、发展主动，也必将极大丰富世界文明百花园。

新华社记者：韩洁、王立彬、徐壮、谢希瑶、王聿昊

《南方日报》2023 年 5 月 29 日第 1 版

奏响新时代的"弦歌之治"

——江苏人文经济学新实践

苏州网师园内有一处"殿春簃",三扇后窗外分别栽种芭蕉、竹子和蜡梅,透过一扇门宇,三种截然不同的画面尽收眼底,虽由人作,宛自天开。

小园极则,巧于因借。在江苏,由有限空间创无限可能,不止园林。虎踞龙盘之南京、人间天堂之苏州、淮左名都之扬州、中国近代第一城之南通……大江大河大海吐纳交汇,孕育出13座中国历史文化名城,更以占全国1%的陆域面积、6%的人口,创造了超过10%的经济总量。人文鼎盛、经济领跑、山川俊秀,构成一组回望历史、理解当下、眺望未来的长镜头,在纵贯5000年华夏文明的尺度上熠熠生辉。

承百代之流,会当今之变;以古之规矩,开今之生面。进入新时代,江苏以文化赋能经济,激活高质量发展新动能;以经济活化文化,塑造文化时代生命力;促进人与自然和谐

生动实践 ● ● ●

共生,追求人的自由全面发展……走上了一条物质富足、精神富有的高质量发展之路。坚持"物的全面丰富和人的全面发展",人文与经济交融共生,相得益彰,汇聚成推动中国式现代化江苏新实践的磅礴力量。

双向奔赴,城以文"名"

2023年5月,胜科纳米股份有限公司总部大楼在苏州工业园区正式封顶,当日就与日立科学仪器有限公司等8家国际顶尖仪器设备商签约,联合共建胜科纳米总部实验室,展现其扎根中国、深化合作的决心。作为江苏外资总部经济集聚区,苏州工业园区现已汇聚外资研发中心200多家、跨国公司总部118家。

作为中国的"对外开放窗口",苏州工业园区肇始于1994年。那年,中国与新加坡两国代表就园区合作事宜,在始建于南宋的网师园内反复谈判。激烈讨论后双方下楼散步,观一池碧水、听一曲评弹,苏州独有的文雅让博弈顿时变得柔和。换景也换心境,最终打开了这扇江苏拥抱全球的门窗。

长江万里,支流数百,仅110公里长的秦淮河因"文"著名,因"文人"兴盛。秦淮河畔的江南贡院自建成到科举废止，共走出 80 多名状元、1 万余名进士。

江左英才，斯文在兹。秦淮河畔依旧绿窗朱户，1210 家科技型企业落户"秦淮硅巷"，涉及物联网、通用航空、智能制造、电子信息等产业。朱自清笔下的那些"古董铺子"里，收藏最活跃的创意，也集聚最前沿的创新。

岁月流转，唯美江苏与富庶江苏始终双向奔赴、共生共荣，交融激荡生生不息的城市脉动。

"所谓名城，既要历史悠久更要保有独特韵味，江苏可谓得天独厚。"江苏省文旅厅厅长杨志纯说，长江自西向东流经江苏 8 个城市，大运河自南向北贯穿江苏 8 个城市，两大中华文化标识在此交汇，吴文化、金陵文化、淮扬文化、楚汉文化在此交融，财富、知识、技术、人才在这里流动，孕育出座座锦绣名城，建城史超过 2500 年的就有 5 座。

华夏九州，最早见于《尚书·禹贡》，是中国汉族先民自古以来的民族地域概念。作家叶兆言感慨，江苏不仅有 5 个名字里带"州"的地级市，而且扬州、徐州还与古代九州之名一致，足见传承有脉。

文有脉，行必远。濒临太湖，北依长江，京杭运河南北纵贯；拥有 2 万余条河道、401 个湖泊的苏州缘水而兴：春秋时期造船勃兴，航运起步；汉代以来兴修水利，农业兴盛；

隋朝开凿运河，发展漕运，枢纽初成；唐宋以降，港口云集，市集密布，跻身江南雄州，财赋甲于天下。

一架绣绷，十指春风。如今，自寒山寺出姑苏城西行20多公里，太湖之畔有全国最大的苏绣生产和销售中心镇湖街道，其顶级技艺双面绣形象诠释苏州魅力：一面江南气韵浓厚、人文鼎盛，一面产业地标耸立、经济繁荣。

公元前486年，吴王夫差"开邗沟，筑邗城"，开启了扬州因"运"而生、因"运"而盛的历程。自春秋筑城，汉置郡国，隋通运河，唐开港埠，至宋元烽火，明清兴衰，扬州几度富庶繁华，历尽废池乔木。仅在唐代就有150多位诗人写下吟咏扬州的诗篇超过400首，从张祜笔下的"十里长街市井连"到杜牧吟诵的"春风十里扬州路"，尽显当时中国东南第一大城市、国际贸易港口的开放繁荣。

望运河帆影、枕长江涛声，诗画扬州光彩依旧：瓜洲古渡、运河三湾、瘦西湖等"运河十二景"串珠成链；始建于明代的文昌阁重檐攒尖，仍是城市地标；古籍修复、园林修造、古琴制作等传统非遗不仅保存在博物馆，而且"活"在皮市街、仁丰里等街巷间。

经济是城市的体格，人文是城市的灵魂。夫子庙文化街区矗立着一块"天下文枢"牌匾，不仅是当下网红打卡地，

生动实践 ●●●

更是这座城人文底蕴的象征。六朝时期的南京是世界上最繁华的城市之一，也是世界上第一个人口过百万的城市，与罗马城并称为"世界古典文明两大中心"。今天的南京依旧因英才荟萃而名。全市共有53所高校，包括13所"双一流"建设高校，在宁两院院士96人，每10万常住人口中拥有大学文化程度3.52万人，均位居全国前列。"人才第一资源"上的独特优势，为创新第一动力提供了丰沛的内劲。2021年，南京获批建设引领性国家创新型城市，全域创新、协同联动、产城融合，加速构建科创新格局。

江苏13个设区市全部跻身全国百强城市；在历年百强县和百强区的榜单上，江苏有近一半的区县入列，为小城挣足了"面子"；而真正走进当地博物馆、纪念馆，方能读懂这些城市的"里子"。太湖西岸的宜兴风景秀丽，先后走出32位两院院士、100多位大学校长、上万名教授学者，"一邑三魁""一门九侯"等佳话流传至今。在江南特有的人文精神熏染下，一批又一批大家引领中国艺术走向世界，徐悲鸿在国画中融入西画技法，吴冠中在"油画民族化"和"国画现代化"两个方面均有突破，钱松嵒将时代精神灌注于笔墨意境之中。而在运河之畔的高邮，作家汪曾祺则满怀挚爱之情，用文字向人们述说故乡风物的美好，感慨"四方食事，不过一碗人间烟火"。

千百年来，南北交融、古今熔铸、人文经济相生相融的淬炼，造就了江苏独特的气质。一面看，是古典精巧、韵味无穷；另一面看，是追求极致、探索无限。一面看，是勤勉务实、静稳从容；另一面看，是开放包容、敢为人先。"这正是江苏在不同发展阶段都能快人一拍抢占先机、赢得优势的精神密码和文化自信。"江苏省委常委、省委宣传部部长张爱军说。

相互生发，业以文兴

一块长44米、高10米、直径23米的LED弧形巨幕开启，营造出令人惊叹的视觉奇观。2023年6月底，由中国电影科学技术研究所和无锡国家数字电影产业园共同打造的"电影级巨幕拍摄屏"投入使用，标志着国内首个5G智慧虚拟拍摄联合实验室成立。

十余年前，这里还是无锡最大的轧钢厂——雪浪初轧厂。"高耗能产业的'退'换来电影工业产业链的'进'。"无锡国家数字电影产业园党委书记施娟说，园区已集聚了博纳影业、星皓影业、墨境天合等800余家国内外知名数字文化企业，形成年拍摄80—100部、后期制作200—300部影片的能力。

科技一往无前，文化则要瞻前顾后，在江苏，二者并行不悖，相得益彰。

苏州擦亮"最江南"的文化 IP，驶入城市文化竞争的快车道。目前，浒墅关古镇蚕里街区、"平江古巷"中张家巷老宅、"虎丘夜游"项目已投入运营，"吴门望亭"大运河文体馆、盘门城墙夜景提升、石湖景观改造提升等项目已建成，以"江南文化"重写江南故事。

从"伏羊夜市"到"国潮汉风"，"两汉文化发源地"徐州围绕"汉文化"布局，将文旅发展重点放在赓续文脉上。近年来，创作大型实景剧《大风歌》，举办全国汉服设计大赛、模特大赛，创办汉文化旅游节，突出"汉文化、徐州味、烟火气、时尚潮"元素，推动汉服、汉礼、汉乐、汉舞等汉文化符号创造性转化、创新性发展。

政策引导、资金扶持、技术迭代、人才创新……2021年，江苏全省文化及相关产业增加值达 5907 亿元，占全省生产总值比重达 5.03%，增加值总量稳居全国第二位，成为国民经济支柱产业。《江苏省促进文化产业竞争力提升行动计划（2022—2025 年）》提出，到 2025 年文化产业增加值占全省生产总值比重力争达到 6%，并把"两中心三高地"列为新愿

生动实践 ● ● ●

景,即积极打造文化科技融合中心和文化创意设计中心,建设有竞争力的内容生产高地、文化装备制造高地、文旅融合发展高地。

在江苏,经济活化文化,文化也能赋能经济。

——厚文之"道"与精工之"技"融为一体。"苏人以为雅者,则四方随而雅之。"古人如此形容苏州时尚。2023年3月,以"有巢"为主题的宋锦成衣亮相2023中国国际时装周,悠久文化融入现代服饰,韵味格调惊艳全场。"文化之丝"盛而不衰,"科技之丝"亦名扬天下。亨通集团从乡镇电缆厂起步,以光纤发力,抢位产业新赛道,成长为全球光纤通信三强,已建立12个海外产业基地,自主研发的超大尺寸光棒,拉丝长度全球第一。无独有偶,化金条、拍叶、做捻子、沾捻子、打开子、装开子、出具、切箔……国家级非遗"南京金箔锻制技艺"代代相传,除了广泛应用于雕塑、工艺品、书画等方面的贴金装饰,其核心技术在国防、航天等领域也能一展风采。

一部苏作流光史,半部中国制造史。"苏工、苏作就是当年的专精特新。"苏州市市长吴庆文一语道破经济发展里的人文传承。目前,苏州已累计培育171家国家级专精特新"小巨人"企业。到2025年,全省计划累计培育制造业单项

生动实践 ●●●

冠军 300 家、专精特新"小巨人"企业 1500 家，省级专精特新中小企业 1 万家以上。

——经世致用的人文传统与务实惟新的实践思维一以贯之。17 世纪后半期，以昆山人顾炎武为首的实学派反对明末空谈心性的空疏学风，提出经世致用的见解主张、身体力行的实践态度，领风气之先。这一朴素的唯物论思想对后世影响深远：民族危难之际，南通人张謇选择实业救国路线，作为民族企业家的先贤和楷模，至今影响当代企业家实干创新，实业报国；改革开放前夕，无锡人胡福明作为主要作者撰写的《实践是检验真理的唯一标准》发表，在全国掀起关于真理标准的大讨论；进入新时代，江苏更加注重锻造实体经济看家本领，重视科技创新创造，已拥有联合国产业分类全部 41 个工业门类中的 40 个，制造业增加值占全国 13.7%、全球近 4%……

不仅知识分子有修齐治平、惠民利民思想，企业家亦有居安思危、家国一体的奋斗精神。古镇盛泽曾以"日出万绸、衣被天下"誉满于世。镇上的恒力、盛虹，分别从织造和印染小厂起家，沿产业链上拓下延，双双成长为世界 500 强企业，生动谱写了保持"恒心定力"，终见"盛世长虹"的产业传奇。早已稳坐行业龙头多年，盛虹集团董事长缪汉

生动实践 ●●●

根却说"还要不断突破，以永不止步搏击全球市场"。

——文化交流互鉴与竞逐全球的开放基因一脉相承。地理上的"江尾海头"、经济上的"天然良港"、人文上的"衣冠南渡"，让长江江苏段成为南北方文化、东西方文明交流前沿。千百年间，不同属性、不同时段、不同地域的文化在此叠加、碰撞、交融、创新，既孕育了江南、江淮、江海三个基本文化形态，也形成了在吸纳中扬弃、在融合中创新、兼收并蓄吐故纳新的文化特质，成为今天江苏推进高水平对外开放、开展文明交流互鉴的价值支撑。

苏州从 2014 年主办国际声乐艺术节，招录全球优秀青年歌唱家齐聚苏州共飨文化盛宴。近十年的耕耘结出硕果，2023 年 1 月，来自 10 个国家的 15 位歌唱家，在美国费城交响乐团的伴奏下用汉语演绎《静夜思》《将进酒》等唐诗，为观众奉献一场东方诗歌与西方音乐交相辉映的视听盛宴。下半年，费城交响乐团又将回访苏州献上演出，人文上的交流互鉴，在中美两国艺术家的演绎下化作一场动人"回响"。

创造性转化，赓续文脉；创新性发展，活化传承。"注重传承人文精神、激活时代价值，将其融入经济社会发展全过程，成为推动高质量发展的强大动能。"江苏省省长许昆林说，新征程上，江苏将牢记习近平总书记谆谆嘱托，以社会主义文化强国先行区建设为引领，推动文物和文化遗产在有效保护中活起来，加强公共文化产品和服务供给，打造新时代江苏文化标识，为铸就中华文化新辉煌贡献江苏力量。

人为标尺，弦歌浩荡

常熟人言子是孔门七十二贤弟子中唯一的南方弟子，后葬于虞山。这位道启东南的"南方夫子"倡导以礼乐教化人心，"弦歌之治"后世尊崇千年，使海拔不到300米的虞山成为江南文化高峰。

"绵世泽莫如为善，振家声还是读书。"小城常熟历来藏富于民，发轫于20世纪80年代初的千亿服装城，从马路市场起步，实现了"兴一方产业、活一片经济、富一地百姓"，如今的常熟人均存款达27万元。或许是自古富庶殷实，常熟人很少以领跑的经济指标沾沾自喜，而是把教育上升到城市核心竞争力的高度，"崇文"刻入基因。

高质量发展创造高品质生活，文化丰盈程度成为衡量百姓幸福指数的重要尺度。

江苏大剧院的原创民族舞剧芭蕾舞剧《红楼梦》，开票即售罄；南京保利大剧院引进的法语版《罗密欧与朱丽叶》开票5分钟就被抢光。2023年第一季度，南京市演出数量较

生动实践 ● ● ●

2022年同期增长55.6%。在业内人士看来,南京演出市场在全国位于前三名,是上海、北京之外的演出第三城;如果一部剧没来南京,那就不能说是成功的。

"过去,看剧、看展,是'尝鲜'高雅艺术,现在艺术成为高品质生活的一部分,给城市的考验是,要供给更加丰富、更加优质的文化产品。"南京保利大剧院管理有限公司总经理巩升林满是自豪。

为心仪的好戏去抢票,为期待已久的展览去排队,收看戏曲名家直播……在江苏,艺术点亮美好生活,经济持续反哺,渐成良性循环。据统计,近3年来江苏省财政累计投入超10亿元,支持全省120余家公共博物馆、纪念馆向社会免费开放;2022年,全省博物馆举办陈列展览2000余个,接待观众超5000万人次。持续加大对江苏地域文明探源工程等重点考古项目支持力度,常州寺墩遗址等地域考古探源工程持续推进,重大成果不断涌现。

"我们致力于让精品展从'限定'变为'常态'。"苏州博物馆馆长谢晓婷介绍,苏州博物馆西馆设置常态化"临展厅",注重传统文脉挖掘、延续的同时,也在尝试解答"博物馆与现当代艺术交融"的新课题。扬州中国大运河博物馆馆长郑晶介绍,从零藏品、零展品,到建成并获全国博物馆十大陈列展精品奖，该馆已成为大运河国家文化公园建设的标志性项目，每天1.8万张预约门票常常"秒空"。

发展为了谁，这是发展价值取向的根本问题。进入新时代，江苏坚持把75%以上的一般公共预算支出投入民生领域，以满足人民日益增长的美好生活需要为指向，追求更高水平的"民生七有"。

电针仪、艾灸盒、理疗床，常州市武进区河南村卫生室的医疗设备不断增加，大学生村医王娥有了更大用武之地：从只能看头疼脑热小病，升级为监测村民健康、提供康养理疗。像王娥这样的大学生村医，武进区有200多位。"赤脚医生"转为备案制乡村医生，村医收入增加，村民幸福感提升。

从生存型、保障型向改善型、品质型转变，百姓生活更加便利、更有保障。在全国率先开展高值医用耗材联盟集中带量采购、普惠性幼儿园覆盖率超过90%、护理院数量占全国总数近40%……

天地之大，黎元为先。南京扇骨里邻里生活中心，居民可以自助办理身份证、进行签注；无锡市长安街道，部分核酸小屋改造成匠人便民服务站，理发、缝补、磨刀等"小修小补"回归……规模适宜、软硬兼备、功能完善的"完整社区"，添力"宜居、韧性、智慧"城市，成为烟火气十足的

生动实践　●　●　●

美好家园。

细"治"方能入微，参与度决定满意度。在宿迁，百姓坐着说，干部站着听，一次次"广场夜谈"成为"民声"直通车；在张家港永联村，通过代表大会议大事、议事团体议难事、楼道小组议琐事、媒体平台议丑事，乡风文明渐入人心；南京泰山街道，社会治理现代化指挥中心实时调度全部网格，"区块链＋人脸识别"助力小区治理便捷高效。

推窗能见绿，转角遇到美。随意走进无锡一条街巷，就可能发现藏在转角处的文保建筑；扬州大大小小的书店、图书馆分布在城区各处，无论何时都有人在逛；行走江苏各地，历史和文化自然而然地融进城市肌理，无时无刻不带给人丰富的生命体验。

讲到中华文化，人们在想到故宫、长城、天坛等国家象征之余，也会向往亭台楼阁、小桥流水、粉墙黛瓦等生活烟火。而这些与人们美好生活息息相关的文化元素、最能唤起人内心个体认同的文化资源，大多属于江南。

千年积淀形成的文化腔调，不仅收藏在博物馆，更浸润在苏式生活中。人文精神是中华文化最醒目的标识之一，人文经济相融共生，为的是成果全民共享、实现人的全面发展。新时代的"弦歌之治"，以人文精神、人文关怀激发创

生动实践 ● ● ●

新创造活力、彰显文明成果，使人民获得感、幸福感、安全感更加充实、更有保障、更可持续。

《礼记·礼运》有载，孔子与言子关于"大同小康"的讨论，传递儒家的社会理想和政治主张，寄托了中国人民对美好生活的向往和追求；

1983年早春，邓小平同志视察江苏后，以苏州为例证，系统阐述了小康目标内涵，再次点燃了小康这个千年梦想；

党的十八大以来，习近平总书记四赴江苏，亲自擘画"建设经济强、百姓富、环境美、社会文明程度高的新江苏"宏伟蓝图，赋予"在改革创新、推动高质量发展上争当表率，在服务全国构建新发展格局上争做示范，在率先实现社会主义现代化上走在前列"的光荣使命。2023年全国两会上，习近平总书记参加江苏代表团审议时，再次提出"在高质量发展上继续走在前列"的殷切希望。

跨越千年的梦想与奋进第二个百年奋斗目标，竟如此神奇地在这里交汇，新时代的"弦歌之治"再度奏响。

"经济发展以社会发展为目的，社会发展以人的发展为归宿，人的发展以精神文化为内核。"江苏省委书记信长星表示，正是几千年来深深植根于中华民族灵魂深处的大同理想，让我们自强不息；正是始于40多年前的改革开放，让

生动实践 ● ● ●

我们敢为人先；正是新时代"强富美高"蓝图，引领我们始终走在前列。今天，我们要努力创造属于这个时代的新文化，书写好建设中华民族现代文明的江苏答卷。

新华社记者：刘亢、蒋芳

《新华每日电讯》2023 年 7 月 5 日第 1 版

一城文韵共烟火

——人文经济视野下的开封观察

身着华服，手执团扇，于暗香徐来的夜晚荡舟开封御河，河道蜿蜒，画舫交汇，水面上下灯火辉映，亭台远近歌舞相合，仿佛穿越回桨声灯影里的廊桥遗梦。

清明上河园、东京梦华实景演艺……传统文化的风情世俗与现代都市交相辉映。数据显示，2023年前7个月，开封累计接待游客7406.1万人次，实现文旅综合收入440.78亿元。

开封的城市兴衰与黄河息息相关。2019年9月，习近平总书记在郑州主持召开黄河流域生态保护和高质量发展座谈会时强调，深入挖掘黄河文化蕴含的时代价值，讲好"黄河故事"，延续历史文脉，坚定文化自信。

有着4100余年建城和建都史的八朝古都开封，在中华文明进程中犹如一颗璀璨的明珠。站在新的历史起点，开封以文化城，城以文兴，把优秀历史文化融入城市高质量发展，用以人为本的理念涵养城市气质，文化传承创新与经济社会发展相得益彰，千年古城正焕发出新时代的风采。

一半风雅　一半烟火

大殿巍峨庄重，河湖澄碧微漾，廊桥飞架，词曲悠扬，勾栏瓦肆间，身着襦衣的商贩卖力地招揽生意……走进开封清明上河园，张择端笔下的汴梁盛景扑面而来。

一朝步入画卷，一日梦回千年。科技加持之下，历史的细节不再遥不可及。

在园内 5D 影院，座椅随着光影流转摇摆，游客以鸟瞰的视角，时而俯冲穿过城门，与匆忙的贩夫走卒撞个满怀；时而掠过屋脊冲上云霄，掀翻房顶几张瓦片，俯瞰汴梁袅袅炊烟。

沉浸式体验是开封文旅最鲜明的特点。

从每天清晨开封府的"迎宾礼"开始，全城各大景区纷纷亮出"看家绝活儿"，300 余场各类演出轮番呈现，既古亦新，美幻惊艳。

作为千年古城，开封沿袭了汴梁的气质，可以风雅到极致，游人钗环叮当、长袖纱帽，就连街边的奶茶冷饮都被唤作"声声慢""长相思"；可以"滋腻"到极致，三五亲友，短裤蒲扇，相约畅饮于巷尾地摊，用地道的"开普"豪爽地

生动实践 ● ● ●

喊一声，"老师儿，再弄一扎！"

人间烟火气，最抚凡人心。夜幕降临，也是开封烟火气升腾的时刻。夜市，饱含对生活的热爱。美食，是夜市的灵魂。漫步在开封的夜市街，杏仁茶、炒凉粉、涮牛肚、羊肉炕馍，美食小吃香味诱人，文创文玩琳琅满目，灯牌鳞次栉比，摊位人声鼎沸。

这样的烟火气，在开封已经缭绕了上千年。

据不完全统计，目前开封夜市集中地多达57个，经营摊位超过5000个。

固本开新　以文兴业

开封的雅，还有万般颜色的菊花。可赏心悦目，可舌尖生香，既是城市品位，也是中国品牌。

开封素有"菊城"的美誉，有着上千年的菊花种植史，"黄花遍圃中，汴菊最有名"。

近年来，开封做大"菊文化"、做强菊花产业、做优菊花品牌，对菊花的食用、饮用、药用、酿用等价值综合开发，研发出了茶、酒、糕、蜜、瓷、绣等系列产品，贯通了种植、观赏、加工、销售产业链条，产品畅销海内外。自1983年开封举办首届菊花花会以来，菊花文化节已逐渐成为开封联通世界的又一扇大门。

2022 年菊花文化节期间，开封现场签约 114 个项目，总投资 1470 亿元，一批大型企业在开封落地生根。

创造性转化，赓续文脉；创新性发展，固本开新。

汴绣、木版年画……在开封，市级以上非物质文化遗产项目多达 281 个。经过发掘和创新，传统技艺焕发新生。

多年来，经过几代汴绣艺人努力发掘整理，工艺日臻完善。"我们采取画绣结合的方式，对汴绣创新发展，加入时尚元素的汴绣越来越受青睐。"国家级非遗保护项目汴绣传承人程芳说。

以针为笔、抽丝为墨。十指春风下，针法细密、格调高雅的传统汴绣，在围巾、手提包、抱枕等各式现代生活用品上，流淌出千年汴京的柳暗花明。

最好的传承，莫过于融入百姓生活。

每逢重大节会，张灯结彩自然少不了朱仙镇木版年画、汴京灯笼，经过改良的产品成了热门伴手礼；灌汤包子、桶子鸡香飘大街小巷，一些特色小吃被加工成预制菜，端上了千家万户的餐桌。

丰厚的文化积淀赋予开封厚积薄发的文化张力，开封依托资源和区位优势，2020 年 7 月，建立中部首座艺术品保税仓，2022年4月创建的"国家文化出口基地·双创园"将"文创"与"科创"融合，带动文化产业创新性发展，成为优秀传统文化双创展示和驾船出海的重要渠道。

惊艳的裸眼3D巨幕、童话般的"汴幻灵境"……走进"国家文化出口基地·双创园"，沉浸式数字艺术空间，亦真亦幻、唯美浪漫。自设立以来，该基地相继组织推动文化艺术品出口到德国、意大利、韩国、新加坡、阿联酋、摩洛哥等多个国家和地区。

"'国家文化出口基地·双创园'主动培育经营主体国际化经营，已成为中原文化走出去的新载体。"河南自贸试验区开封片区管委会常务副主任郑红英说。随着与东亚国家文化交流更趋频繁，开封正在争创"东亚文化之都"。

文化赋能，以文兴城。2022年，开封市地区生产总值达2657亿元，增速4.3%。数据显示，"十三五"期间，开封市以文旅产业为代表的第三产业经济贡献率达到50.6%，为城市高质量发展注入了新活力。

精神高地　民生福祉

在开封顺天门城摞城遗址考古发掘现场，自下而上叠压着战国、五代、宋金、元、明、清等不同时期的6座城

生动实践 ●●●

池遗迹。

伫立遗址旁，凝望"城摞城"下沉默的八朝繁华，感受这座黄河南岸古城的一次次淹没、一次次重建的悲怆与不屈，一种生生不息的精神力量不由得直抵心底。

爱国爱家，坚韧不拔，悠久的历史涵养了开封人独特的人文气质。

今天，这块土地上耸立的一座精神丰碑——焦裕禄精神，时刻激励着人们艰苦奋斗、勿忘人民。

退休干部朱金喜把住房作抵押贷款，带领乡亲们勇闯致富路；"放电影的好闺女"郭建华，坚持为基层群众放映40余年；体检医生韩昆朋累计献血8000余毫升，并成功捐献造血干细胞，荣获全国无偿献血金奖。

城市新气象，文明是底色。行走在开封的街道，志愿服务"红马甲"随处可见；截至目前，开封市注册志愿者46.5万人，推评出全国道德模范、中国好人60多人。"汴"地有好人，为开封渲染出最亮丽的人文底色。

民心所向，忧之念之；民康物阜，盼之行之。

全面消除黑臭水体，古城墙实现"五贯通"，"一渠六河"水系成景，打造城市绿道98.75公里，连通公园河湖、古迹景区，成功创建国家森林城市，蜿蜒百里的黄河生态廊道变身百姓休闲观光的河景公园。

一城文韵半城水，绿意葱茏满开封。推窗吹来古风雅韵，出门即是绿地公园，举步临水、抬头见绿的画中美景已成为现实。

传统对接现代，古风演绎时尚。站在开封地标建筑鼓楼向东南方眺望，"鼓楼里"文化商业街华灯璀璨、人流熙攘。但多年以前，这里还是一片棚户区。为保护古城风貌，开封拆除违章搭建，将古典美学融入建筑风格，建成了远近闻名的历史文化风情街。

开封与部分书店、文化艺术场馆等机构联合打造各具特色的城市书房，构建"15分钟读书圈"。寻宋书房主打历史文化专题图书，宣和书房以人文旅游书籍居多，市民可免费借阅，在满城书香中找寻"诗和远方"。

"人文情怀是城市高质量发展的应有之义。"开封市住房和城乡建设局局长霍国防说，每一条街巷、院落都承载着老开封的珍贵记忆，厚重古朴与现代时尚相得益彰，既顺应时代潮流，也能留住乡愁。

生态宜人、文脉昌盛，宜居宜业的人文环境已成为开封筑巢引智、投资兴业的金字招牌。开封市人力资源和社会保障局相关负责人表示，如今的开封机遇叠加，郑开科创走

生动实践　● ● ●

廊、开港经济带等加快建设，郑汴一体化迈入郑开同城化发展新阶段，吸引越来越多周边地市人口来开封定居创业，在外成功人士返乡创业脚步加快加密，对高端优秀人才的吸引力逐步增强。

仅 2022 年，开封市就引进院士专家团队 5 个、国外高端人才 19 人，新建中原学者工作站 1 家。心脏电生理领域专家郝国梁返乡创建贝威科技公司，研发出多种型号的三维心脏功能标测仪器；美籍药物设计专家徐学军，主导的抗癌靶向药物研究跻身世界先进水平。

"发展为了人民，发展依靠人民，发展成果由人民共享。开封始终坚持以人民为中心，深入贯彻新发展理念，切实做好人文经济的'暖文章'，实现新时代文化经济深度交融，让城市发展更有温度。"开封市委书记高建军说。

敬畏历史、敬畏文化、敬畏生态。植根历史沃土，开封汇聚文化赋能的发展动力，以人文精神护航高质量发展，在人文与经济的良性互动中走出了一条传承创新之路，一幅新时代的中国式现代化画卷正在徐徐展开。

新华社记者：唐卫彬、王圣志、牛少杰、唐健辉

向新写意中国风

——人文经济视野下的黄山观察

黄山是一座山，更是一座城。

展开地图，黄山市形如一枚枫叶嵌在安徽省最南端；翻开古徽州历史，黄山市魂系徽文化千年。作为古徽州的主要组成，黄山根深于徽文化，在传承与创新中枝繁叶茂，在包容与开放中挥洒中国风与国际范。

习近平总书记深刻指出，要坚持以社会主义核心价值观为引领，坚持创造性转化、创新性发展，找到传统文化和现代生活的连接点，不断满足人民日益增长的美好生活需要。

黄山循古而来、向新而去，徽派古建、徽墨歙砚、砖雕木刻、制茶技艺，走进乡村田野会客厅，走入国际会客厅，打开人们的文化情感通道。徽风皖韵的人文经济在这里与时代融合、以创意表达、向世界呈现。

徽派国际会客厅：是中国的也是世界的

初秋黄山，细雨霏霏，山霭苍苍。一场中外时尚发布会在黄山脚下举行。模特们身着中外设计师打造的时装，将"自然""国风""创新"主题在大美黄山碰撞、盛放。

这是一场山水人文的展示，亦是一次国际美学的对话。上海大学巴黎国际时装艺术学院法籍立裁专家玛蒂尔德说："黄山变幻万千的云海和独特的徽派建筑，让我印象太深刻了！我的服装设计用了很多黄山元素。"

中国风，国际范，在徽派风格的国际会客厅黄山融为一体。

由春及冬，一系列主场外交活动 2022 年在黄山市屯溪区举行，从 2022 年 3 月的第三次阿富汗邻国外长会等 70 余场外交活动，到 2022 年 12 月的中国政府与主要国际经济组织负责人"1+6"圆桌对话会。

由人文至经济，一系列国际对话合作陆续在黄山展开。2023 年初，中国、印度和斯里兰卡三国在祁门县开启"世界三大高香红茶"的首次"对话"。仲夏，2023 区域全面经济伙伴关系协定（RCEP）地方政府暨友城合作（黄山）论坛在此举行，约 500 名中外嘉宾共商 RCEP 合作新机遇。

为什么是黄山？

黄山市委书记凌云说，壮美河山、独特厚重的人文内涵，是跨越地域民族的人类共通语言，更是追溯文明、读懂中国的重要密码。

创意黄山，大美徽州，迎客天下，和合共进。

论"山"，它集世界文化与自然遗产、世界地质公园、世界生物圈保护区三项桂冠，以奇松、怪石、云海、温泉、冬雪著称。

述"文"，它是徽文化发祥地，涵盖经史哲医科艺等，孕育了新安理学、新安医学、新安画派、徽派雕刻等，文明星空璀璨。

如果说宛若仙境的山水、独具魅力的人文呈现了黄山的世界，那么自信中的包容、自立中的开放则构筑了世界的黄山。

站在屯溪区东郊的南溪南村村口，"绿树村边合，青山郭外斜"的诗意扑面而来。在这座有着千年历史的徽州村落，新添了一张国际化名片：卓文的小食堂。

臭鳜鱼比萨、枇杷酱……虽是西式餐厅，风格简洁，飘散的却是满满徽州味。美国小伙、黄山女婿卓文是餐厅创办者，说着一口流利的中国话。

臭鳜鱼比萨，是卓文将徽州和西方美食融合后独树一帜的创造。2021 年，在黄山安家不久的卓文就在抖音平台上发布自己做菜的视频。

"在南溪南村开店，是因为向往徽州田园生活，没想到生意这么火，比萨每天都供不应求。"卓文说。隔壁开店的当地人老吴，和卓文是"铁哥们"。

黄山市徽州区潜口镇原始古村坤沙村的三山两谷之间，有一处顺地理位置而取名的民宿"居田谷"，粉墙黛瓦的建筑融于周边山林田野中。

类似这样农文旅结合的乡村会客厅，在黄山有近3000处，在田野乡村中向世界展示中国风。打造"大黄山"世界级休闲度假旅游目的地，这是安徽省对黄山的最新定位。

黄山市已摸排梳理"大黄山"建设项目210多个、总投资近2000亿元，东黄山高端度假酒店群、市域旅游铁路T1线、新安江百里大画廊等重点项目加快建设。

从传统自然到现代人文，从物种多样性到文化多元性，从乡村会客厅到国际会客厅，黄山在世界聚光灯下绽放中国风、国际范。

活化文化遗产：是历史的也是时尚的

吸引全球游客纷至沓来的，不仅是自然景观，还有黄山既传统又时尚的文化瑰宝。

5个项目入选联合国教科文组织人类非物质文化遗产代

表作名录，拥有 310 个中国传统村落、8000 处历史文化遗存、百万件徽州文书……黄山积极推动名录遗产与数字结伴、同创意碰撞，让更多陈列在广阔大地上的遗产活起来。

传统与现代的交融，"一条鱼"来讲故事。

每年正月十五前后，黄山市歙县溪头镇汪满田这座静谧的古村都会被鱼灯点亮。从制作鱼灯到嬉灯排练，全村老幼倾尽全力，演绎出大山深处的浪漫，也点燃起全球游客的热情。

这是一座以鱼灯为魂的村庄。汪满田嬉鱼灯始于明初，相传这项安徽省非物质文化遗产活动与火有关，村里过去木屋居多，常有火灾发生，鱼生于水，水能灭火，于是衍生出祭鱼克火的嬉鱼灯民俗，在 600 年时光中传承光大。

2023 年春节期间，汪满田村鱼灯巡游四晚，18000 多名外地乃至外国游客赶来感受浓浓嬉灯年味。其间，农户制作的小鱼灯线上线下销售 1000 余只，销售额 35 万余元。

汪满田鱼灯已非"春节限定"。在黄山市文创产品展示商店、街头商铺甚至在咖啡厅，都能看到"游弋"的鱼灯，相关文创产品在线上线下热销。

历久弥新的，还有徽州书房里走出的历史文化遗产——墨与砚。

生动实践 ● ● ●

　　落纸如漆、经久不褪。以松烟、桐油烟、漆烟和胶等主要原料制成的徽墨，已不仅仅是静置案头的书写工具，更是文化传播的载体。

　　在歙县县城，坐落着乾隆年代老字号胡开文墨庄的余脉——老胡开文墨厂。一间间房门内，炼烟、和料、制墨、晾墨、打磨、描金等11道古法制墨工序各有讲究。

　　南唐时，制墨在徽州生根发芽。如今，老胡开文墨厂探索将年轻人喜爱的国潮元素融入徽墨产品中。徽墨制作技艺传承人周健每天准时打开直播镜头，介绍徽墨歙砚。

　　"忠于古法，行于创新"，这是老胡开文墨厂的经营之道，更是黄山众多文化瑰宝传承发展的共同路径。

　　墨香浸润，茶香添韵。2022年11月，作为"中国传统制茶技艺及其相关习俗"的子项，产自黄山的毛峰、太平猴魁、祁门红茶制作技艺成功入选联合国教科文组织人类非物质文化遗产代表作名录。

　　人工智能、大数据正在将传承千年的制茶匠心以科技的方式记忆、传扬。

　　在黄山市高新区的小罐茶"超级工厂"，繁忙的生产线上几乎看不到工人。工厂厂长李伟民介绍，生产线利用人工智能等技术，将绿茶、红茶、黑茶、乌龙茶等制茶非遗传承人的手工技艺复制到设备中。非遗传承人的制茶经验，如杀青温度、时间、揉捻压力、发酵条件、焙火等，经过上万次的计算分析，设置为工艺参数。非遗技艺探索出标准化、规模化。

不仅如此，这家企业还研发出智能泡茶机，根据不同茶类精准设置茶水比、冲泡温度、出汤时长等，让"茶小白"也能体会茶艺中的文化。

没有传承，城市将失去灵魂；裹步传统，城市将停滞不前。"创新是最好的文化传承。"李伟民说。

截至 2023 年 8 月底，黄山市与旅游相关的文化、体育和娱乐业营业收入同比增长超过 252%，全市服务业增加值同比增长 7.8%，位居安徽省第二，对 GDP 增长贡献超过 68%。

一花一叶一味：是文化的也是经济的

在黄山，文化与经济从来都是相伴相成的。

从阡陌街巷到山水之间，黄山擅长用文化找到共富"密码"。

地处新安江上游南岸沟谷的歙县卖花渔村，因村庄形似鱼而得名。这个始于唐代的村落只卖花不打鱼，世代以种植盆景花卉为业，其技艺入选国家级非物质文化遗产。

漫步村中，只见罗汉松仿若一株株微缩版"迎客松"，游龙梅如蛟龙腾云般姿态万千，家家庭院摆满匠心独运的大小盆景。

徽派盆景技艺省级代表性传承人洪定勇介绍，村里老中青三代盆景技术队伍越来越壮大，年轻人学习了现代园林设计知识后，将其融入盆景的创新性设计中。

近年来，得益于进村道路拓宽、旅游步道建设等一系列改造提升举措及政策支持，卖花渔村在家做起了全球生意。

"人在养花，花在养人。"卖花渔村党支部第一书记徐玉龙说。2023 年一季度，卖花渔村村集体经济收入突破 170 万元，外来游客 16 万人次。

黄山市农村居民收入居安徽前列。2023 年上半年，黄山市城乡居民人均收入比值为 1.67，城乡收入差进一步缩小。

提起八大菜系里的徽菜，必须说到臭鳜鱼。

因徽商走南闯北而诞生的臭鳜鱼，几百年前被盛装在木桶里、泡在淡盐水中沿江运输，如今形成了从加工到烹饪的地方及团体标准，进入现代化生产线，顺着电商平台，"游"向东南亚、欧美、日韩等地。

在黄山皖新徽三食品供应链有限公司车间内，工人们正在对鳜鱼进行预处理、腌制发酵、包装和发货。2023 年，这里预计产出臭鳜鱼 500 多万斤，总产值 2 亿多元。

"家族五代人，用一百年做一条鱼。"徽三臭鳜鱼第五代传承人吴永学说。

一百年间，臭鳜鱼从地域美食发展成为年产值近 40 亿元、年加工量超 5 万吨的大产业，全市现有臭鳜鱼加工企业 100 余家，其中规模以上企业 10 家，年销售收入超千万元企业 30 余家，带动就业 3 万余人。

从柴米油盐酱醋茶的人间烟火，到琴棋书画诗酒茶的精神享受，一片小小的树叶散发的是文化魅力，也是文化与产业的融合体。

中国十大名茶中，黄山占三席。如今，黄山除了产出鲜茶，还延伸出冻干茶粉、花茶配制、化妆品等茶叶深加工产品，全年综合产值达 230 亿元，茶农年人均收入 1.2 万元。仅小罐茶"超级工厂"合作茶农就有 2000 余户、近万人，带动年人均增收 2000 元。

来黄山，看的是景，感受的是文化。

黄山的夜晚，尽显"文艺范""时尚范"。屯溪老街、河街、黎阳三条历史文化旅游街区，完美串联独具徽州气质的夜经济，河街"昱"见音乐会，黎阳古戏台唱响，新安江畔大型水幕激光秀，演绎出大气磅礴中浪漫与激情的黄山魅影。

生动实践 ● ● ●

    2023年中秋国庆假期，黄山市共接待游客822.6万人次，较2019年增长20.6%。2023年前三季度，黄山市接待游客超6293万人次，同比增长73.8%，较2019年增长9.2%，旅游总收入575.96亿元，同比增长69.2%，较2019年增长10.9%。

    行走黄山，不仅感受徽州，更可品读中国。传统与时尚、中国风与国际范的融合，让黄山韵味无穷。这魅力，正是中华优秀传统文化与中国式现代化发展路径的相携共进。

新华社记者：刘菁、陈尚营、何曦悦

文润京华谱新篇

——人文经济视野下的北京观察

北京城内，纵贯南北的中轴线申遗加快推进，进而带动北京老城整体保护；大运河畔，北京城市副中心加速建设，构建新格局……这是大国首都的非凡气度。

怀柔科学城，一批"大国重器"破土而出，打造重大科技基础设施集聚新高地；京西首钢园，工业锈带迸发生机活力，成为城市新地标……这是创新发展的时代印记。

影剧院里，以首都北京为创作题材的文艺作品感染受众，吹响时代前进的号角；城市街巷中，"小而美""多样式"的文化空间拓展覆盖，厚植人文沃土……这是以文化人的民生向度。

…………

党的十八大以来，习近平总书记多次对北京工作作出重要指示，深刻阐述了"建设一个什么样的首都，怎样建设首都"这一重大时代课题。"要明确城市战略定位，坚持和强化首都全国政治中心、文化中心、国际交往中心、科技创新中心的核心功能，深入实施人文北京、科技北京、绿色北京战略，努力把北京建设成为国际一流的和谐宜居之都。"

历史与现实交相辉映，人文与经济交融互动。千年古都北京正以昂扬之姿、奋进之势，坚持不懈、矢志不渝地用习近平总书记对北京一系列重要讲话和指示精神武装头脑、指导实践，精心擦亮历史文化"金名片"，奋力谱写新时代发展新篇章。

京韵悠长：传承千年文脉

"江山无限景，都取一亭中。"置身景山万春亭，极目向北，声韵悠悠的钟鼓楼相向而立；向南远眺，恢宏典雅的故宫博物院尽收眼底。

700 多年前，元代政治家、建筑设计师刘秉忠，以什刹海最东端为基点，作一条南北向轴线。这条 7.8 公里长的中轴线，贯穿南北、联通古今，构建起北京城中正和合的城市格局，塑造出千年古都的灵魂和脊梁。

如何在保护中更新、怎样在传承中发展，成为古都北京的时代命题。

2017 年发布的《北京城市总体规划（2016 年—2035

生动实践 ● ● ●

年)》提出"传承城市历史文脉，深入挖掘保护内涵"；2020年发布的《首都功能核心区控制性详细规划（街区层面）（2018年—2035年）》提出"加强老城整体保护，建设弘扬中华文明的典范地区"；2023年发布的《北京中轴线保护管理规划（2022年—2035年）》提出北京中轴线保护、展示、利用、监测等规划管理要求与策略……

"北京是著名的古都，老城具有独特的历史、文化和社会价值，规划的重点和新城有所不同，要守住历史文脉和胡同肌理，不能再搞大拆大建。"北京市规划和自然资源委员会主任张维说，"我们把老城保护和民生改善的目标有机统一起来，切实做到在保护中发展、在发展中保护。"

北京老城正悄然蝶变。

"天更蓝、水更绿、胡同更有秩序，在家门口跟老友坐湖边下棋、遛鸟，别有一番趣味儿。"家住西城区什刹海边上的市民孟凡强感慨道，"恬淡怡然的老北京之韵，又回来了。"

作为北京老城著名的历史文化保护区之一，什刹海毗邻中轴线，处于京杭大运河世界遗产北端点。

"西城区是北京营城建都的肇始之地，是能够反映北京都城历史变迁的代表性地区，文化底蕴深厚，文物资源丰

生动实践 ● ● ●

富。"西城区委书记孙硕说，"我们要做老城文脉的传承者，抓好中轴线申遗重点任务，推进老城整体保护与复兴，擦亮历史文化名城'金名片'。"

文脉延绵，新城展翼。

天安门向东20余公里，北京城市副中心，一座崭新的千年之城正乘风前行。2016年，中央首次研究部署规划建设北京城市副中心。2020年起，北京城市副中心年度投资从"百亿级"跃升至"千亿级"，并连续4年保持这一投资强度……

作为北京"一核一主一副"城市空间结构中的"一副"，北京城市副中心正深度承接中心城区非首都功能疏解，锚定高端产业推动创新协同，加速打造"蓝绿交织、水城共融"宜居城市，成为千年古都又一张亮丽名片。

大运河畔碧波荡漾，万里长城巍峨雄踞，西山山麓文脉绵延……2017年，北京新版总规将大运河、长城、西山永定河三条文化带，列为北京历史文化名城保护体系的重要内容。三条文化带将构建历史文脉和生态环境交融的整体空间结构，再现山水相依、刚柔并济的历史风貌，承载千年古都的"城市之魂"，铸就大国首都的"文化之基"。

文化赋能：推动创新发展

临汾会馆、台湾会馆、安徽会馆……这些扎根在老城、承载历史记忆的会馆，是北京独特的文化"活化石"。曾经，这里沦为大杂院，满目萧条；如今，京剧、昆曲等各色演出轮番上演。"会馆演出'小而精'，座位有限，想看还要拼手速。"东城居民郝思苗说。

人气旺了，业态新了，产业兴了。

"近年来，东城区始终坚持'崇文争先'理念，奋力建设文脉绵延、文化繁荣、文明灿烂、文人荟萃的文化名城，走出了一条以文化为根基、为底色、为驱动的城市创新发展之路。"东城区委书记孙新军说。

雁栖湖畔，北京怀柔科学城，综合极端条件实验装置、地球系统数值模拟装置等一批"大国重器"破土而出。这个曾经以"绿水青山"为鲜明标识的北京远郊，已成为全国重大科技基础设施集聚度最高的区域之一。

"怀柔区在深入践行'绿水青山就是金山银山'理念基础上，加快建设怀柔科学城、国际会都和中国影都三张'怀柔'名片。"怀柔区委书记郭延红说，怀柔利用文化资源和历史积淀营造人文环境、激发文化动能，为怀柔科学城国家战略的推进积蓄澎湃力量。"从文化自信到科技自立自强，我们要做创新发展的开拓者。"

"悠久的中华文化、灿烂的中华文明，焕发出强大的精神动力，转化成持久的发展动能。"北京师范大学艺术与传媒学院副院长杨乘虎说，"在人文经济视野下，我们要深入挖掘人文精神，将其转变为内生动力，展现出新时代的传播力、影响力和驱动力。"

沿长安街延线一路向西，在永定河的莲石湖畔眺望，一处拥有百年历史的工业锈带——首钢园，迸发出无限活力。巍峨挺立的三高炉，与栈桥、亭台、绿树、秀池，以及滑雪大跳台融为一体，一幅奥运文化与工业遗存、历史沉淀与自然景观交织的画卷铺陈在眼前，成为城市复兴的新地标。

在核心区，故宫、王府井、隆福寺三处知名文化地标构成的"文化金三角"，实现"文化、人、城市空间、产业经济"融合共生发展；在京北怀柔，兴发水泥厂经过生态修复和升级改造，打造成为高等研究机构聚集区；在京西门头沟，金隅琉璃文化创意产业园的落成，让传承近千年、一度熄灭10年的窑火重燃……

文化创意，与数字智能、科技服务、新型消费等领域的交融互动，为企业发展注入活力，为产业繁盛增添动力。北京以文化赋能经济，交出一份亮眼成绩单——

生动实践 ●●●

在文化产业蓬勃发展的朝阳区，深入实施"文化＋"发展战略，2023年1月至6月，全区2492家规模以上文化产业单位实现收入1489.5亿元，同比增长11.9%；在科技创新资源优势突出的海淀区，拥有8家千亿元级企业、31家百亿元级企业，2022年地区生产总值突破万亿元；在铭刻首都工业时代光辉印记的石景山区，包括首钢、京能热电等8家工业企业在内的"京西八大厂"搬迁调整工作将于年内全面完成，为未来产业发展提供优质载体……

"我国经济建设已经进入到高质量发展的新阶段，更加注重科技的推动、创意的赋能、品牌的提升。"中央财经大学文化经济研究院院长魏鹏举说，文化，是发展的增量，也是发展的引擎。以"文化＋"模式打通文化链与价值链，成为北京的不二选择。

成风化人：绽放人生精彩

风沙漫卷，大漠茫茫。一块汉代织锦护臂，一段凄婉动人的故事。舞剧《五星出东方》从国家一级文物"五星出东方利中国"汉代织锦护臂中汲取灵感，带领观众"走"进跨越千年的时空。

"这是一部北京、新疆两地联合出品的精品舞剧，是推

生动实践 ● ● ●

动中华优秀传统文化创造性转化、创新性发展的生动实践。"该剧制作人、北京演艺集团副总经理董宁说，"这部作品的创排，正是依托北京浓郁文化氛围、独特人文环境所孕育的创作能力。"

文化锻造了一座城市的气质，决定着一座城市的品质。多样的文化景观，造就了城市的文化优势。

拥有百年历史的吉祥大戏院、正乙祠重张启幕，北京国际戏剧中心落成启用，中央歌剧院剧场开门迎客，北京歌舞剧院原址重建……文艺剧院的建设、文艺事业的繁荣，极大丰富了群众文化生活。

美后肆时景山市民文化中心、角楼图书馆、红楼公共藏书楼……北京因地制宜打造"小而美"、多样式的新型公共文化设施，让市民享受公共文化服务的便捷度大幅提升。

电影《长津湖》、电视剧《觉醒年代》、京剧《李大钊》、话剧《香山之夜》、舞剧《五星出东方》、音乐剧《在远方》……一批体现中国气派、首都风貌、北京特点的优秀作品，引领时代发展之风。

…………

"北京以高质量的文化供给创造迭代升级的文化消费，市民百姓在拥有文化获得感和幸福感的同时，获得情感认同和

生动实践　● ● ●

身份认同，树立起高度的文化自觉和文化自信。"杨乘虎说。

在北京经济技术开发区，蓝箭航天空间科技股份有限公司自主研制的朱雀二号遥二液氧甲烷运载火箭，2023年7月发射升空，成为全球首枚成功入轨的液氧甲烷运载火箭。"选择在经开区创业，是因为这里的人文环境和创新生态，我对未来更加充满信心。"蓝箭航天创始人张昌武说。

在繁星戏剧村的舞台，1999年出生的山西小伙儿王广沉浸在角色的真挚与浪漫中。一年前，从吉林艺术学院表演系毕业的他，成为签约"进村"的新成员。"北京就像一个广阔的舞台，在这里，你总能找到适合自己的角色。"王广说。

在东五环外的皮村，打工人小海喜欢读书和写诗。从深圳到东莞、从宁波到苏州、从嘉兴到北京，36岁的小海在打工生涯中"漂"过很多个城市。"北京的人文环境深深吸引着我，也让我一直留下来为之奋斗。"小海说。

⋯⋯⋯⋯⋯

"济大事者，必以人为本。"

"正是人们对美好生活的追求，决定了美的价值。发展中国的人文经济就是要以人为本，向美而行。"中国人民大学经济学院教授高德步说。

以人文之光照亮前行之路，千年古都焕发的古韵新颜，

生动实践　　　　　　　　　　　　　● ● ●

成为全面建设社会主义现代化国家的生动缩影；以人文之力推动时代之变，京华大地书写的生动实践，化作以中国式现代化全面推进中华民族伟大复兴的磅礴伟力。

　　时空交错中，千年文脉贯通古今；历史进程里，人文经济意蕴悠远。

　　　　　　新华社记者：王明浩、孔祥鑫、张漫子、赵旭、
　　　　　　　　　　　　　　　　　杨淑君、孙蕾

"冰城"缘何成"热点"

——人文经济视野下的哈尔滨观察

2023 年冬季，地处祖国东北角的哈尔滨走进了全国甚至全球视野，各大热榜头条持续走红，被称为 2024 年开年首个"顶流"城市。

"冰城"缘何成"热点"？让哈尔滨成为"网红"城市的，不仅是独具魅力的冰情雪韵，还有积淀百年的人文底蕴。

这里有"冷"与"热"的极致体验，冰天雪地变成了金山银山；这里有"土"与"洋"的碰撞融通，中外文化交汇成新的交响；这里有"闯"与"创"的传承开拓，澎湃出新时代的活力迸发。

今天的"尔滨"，是让本地人有些"陌生"、让外地人越来越关注的宝藏之城。

"冷"与"热"

2024 年 1 月 5 日，第 40 届中国·哈尔滨国际冰雪节如约而至，绚丽的烟花绽放在冰雪大世界上空，透骨的寒冷和

生动实践 ●●●

暖心的激情也在这一刻交汇，碰撞出充满希望的火热。

哈尔滨的冷，与生俱来。作为我国最北省会城市，这里冬季漫长，动辄出现零下 30 摄氏度的极寒天气，因此哈尔滨有了响亮的名号——"冰城"。

冷是阻碍，对发展构成制约。粮食作物只能种一季，基建工程也因低温、冻土等面临重重困难。由于室外寒冷，东北人曾有宅在家里"猫冬"的习惯。

冷也是资源，别具特色优势。每年 12 月，松花江上的冰冻了，太阳岛上的雪厚了，"冰豆腐"和"大雪垛"在能工巧匠手中"华美变身"，成为美轮美奂的冰雪胜景，透出冰的晶莹、雪的浪漫，吸引着不远千里络绎而来的游客大军。

开园不到 3 小时便吸引 4 万人流的冰雪大世界，人头攒动的中央大街，游人如织的太阳岛雪博会，"公主王子云集"的索菲亚大教堂……冬日里，哈尔滨各大旅游景区爆满。

中国旅游研究院最新发布的"2024 年冰雪旅游十佳城市"中，哈尔滨位列榜首。2024 年元旦期间，哈尔滨市累计接待游客 304.79 万人次，实现旅游总收入 59.14 亿元，均达到历史峰值。

以高寒为气候特质的哈尔滨，成为社交媒体上最热的文化符号。这座地处北疆的东北城市，正在把制约发展的

生动实践 ● ● ●

"冷"转化为吸引游客的"热",在聚光灯下焕发无限生机。

哈尔滨冰雪文化底蕴深厚,冰雪节庆有60多年历史。1963年,哈尔滨举办第一届冰灯游园会。1985年,首届哈尔滨冰雪节启幕,游客不仅可以在冰灯游园会观赏各种冰雕艺术,还可以坐冰帆、打冰猴,参加冰雪文艺晚会。如今,冰雪旅游和运动、体育、经济相融合,文化内涵越来越丰富深厚。

精雕细琢的青花瓷雪雕、写意风格的冰雪水墨画、独一无二的冰版画……依托大自然给"冰城"得天独厚的礼物,越来越多优秀传统文化在雪花和冰晶中次第绽放。

今日哈尔滨,寒冷不变,热度却"只增不减"。背后是这座城市深挖冰雪资源禀赋,突出地方特色文化,推出各种"有求必应"举措,从量变走向质变的主动作为。

文旅部门发布旅游地图和游玩攻略,中央大街为地下通道铺地毯,暖心志愿者免费提供红糖姜茶,景区之间乘坐地铁免费,冻梨切盘,地瓜配勺,豆腐脑撒糖……这个冬天,"尔滨"的种种"操作"让人应接不暇,冰雪旅游市场呈现"井喷"之象。

"尔滨,我来了""想去哈尔滨的心情达到了顶峰",不仅是网络"热评",更是越来越多游客的现实行动。

生动实践 ●●●

"冰天雪地是我们最大的特色，'冷资源'变成文旅融合'热经济'，靠的不仅是对资源的开发利用，还有配套服务的提质升级。"哈尔滨市文化广电和旅游局局长王洪新说，机不可失，哈尔滨将乘势而上，倾力打造"冰雪文化之都"，构建全域冰雪产业新格局，把"绿水青山就是金山银山、冰天雪地也是金山银山"理念，落实为更多生动实践。

"土"与"洋"

很多人发现，让哈尔滨在这个冬天"走红"的，不仅是冰雪热，还有特色美食、热情民风。中外文化在哈尔滨碰撞、交融，带给这片土地独特的魅力。

烟火漫卷的百年街区，人头攒动的红专街早市，行李箱摞成小山的洗浴中心，排号1小时起步的铁锅炖，精致典雅的建筑艺术长廊……除了排队打卡热门景区，哈尔滨的建筑、饮食、洗浴文化以及市民的热情好客，也被大家津津乐道。

"昨天已经尝了锅包肉、油炸糕、烤红肠，今天下雪定要来吃心心念念的铁锅炖大鹅。排了1个多小时，但是觉得很值。"来自福建的张女士说。

"东北大花"主题与火车、汽车融合，将冻梨改刀、切块、摆盘，用勺子吃烤红薯，路边新增温暖驿站，东北大汉学会"夹子音"……哈尔滨市民的淳朴好客，赢得了外地"小金豆"们的点赞，吸引着八方来客。

从哈尔滨冰雪大世界出来，很快就到了松花江畔的百年老街。漫步在中央大街，恍如行走在建筑艺术长廊中。中央大街上的欧式、仿欧式建筑鳞次栉比，汇集多种风格。

雪花飞舞，霓虹闪烁，琴声悠扬，中央大街89号马迭尔宾馆的"阳台音乐"倾情上演。

哈尔滨音乐博物馆馆长苗笛说，1908年，中国第一支交响乐团——哈尔滨第一交响乐团成立。2010年，哈尔滨被联合国经济和社会事务部授予"音乐之城"荣誉称号。冰雪季，哈尔滨还把交响乐团搬进了商场，令游客感到惊喜。

伴随着第40届中国·哈尔滨国际冰雪节的开幕，俄罗斯音乐剧《安娜·卡列尼娜》巡演版在哈尔滨大剧院登场，让各地游客在这里大饱眼福。

"土"与"洋"的对话与融合，使哈尔滨更添奇妙丰富的色彩。

走进中西合璧的中华巴洛克历史文化街区，一幢幢老建筑装饰富丽，颇具欧洲巴洛克风格，但细部纹饰的雕花图案取材于中国传统文化元素，临街立面背后的空间也是典型的中国四合院。

院内，映衬着白雪的大红灯笼高高挂起，很多国外游客驻足欣赏货架上的传统手工艺品。一家铺着浓浓东北风的大花布的摊位上，摆着多款俄式"大列巴"。

哈尔滨，一个中西文化交汇的舞台。"不是欧洲去不起，而是哈尔滨更有性价比""来这仿佛找到了童年，遇见回得去的故乡"……一句句幽默感言，道出了人们对哈尔滨独特风情的喜爱。

"闯"与"创"

哈尔滨，曾经是松花江边默默无闻的小渔村。

来自山东、河北、山西等地的百姓，带着开天辟地的豪迈，历尽千辛万苦"闯"到这里，开垦土地、投亲靠友、合伙投资、开办店铺，成为重要的开发建设者。

新中国成立后，"一五"计划时期苏联援助的156个重点项目中，哈尔滨占了13项，在全国大城市中居前列。

一时间，哈尔滨电碳厂、哈尔滨电机厂、哈尔滨轴承厂、哈尔滨锅炉厂……一座座厂房拔地而起，一部部机器轰鸣震天，一大批有实力的企业崛起，哈尔滨一度成为与上海、北京、天津等齐名的大城市。

时过境迁，人们不必为谋生而跋山涉水，"闯关东"成为一代人的集体记忆。这座城市前进的脚步从未停止，在创新驱动发展的道路上埋头探索，焕发青春荣光。

在拥有百年历史的哈尔滨中华巴洛克历史文化街区，80个院落、207栋特色建筑将迎来更新改造。"想过上好日子，等靠要是不行的，还得拿出父辈们'闯关东'的精神，靠实干'创'出新世界。"中华巴洛克历史文化街区一家策展书店负责人于冰说，自己希望打造一个兼具文化底蕴和商业潜力的打卡地。

和"土著"于冰不同，"85后"郑好是新时代"闯关东人"。2022年，他从日本北海道大学毕业回国，成为哈尔滨工业大学交通科学与工程学院教授。短短几个月内，他申请到国家自然科学基金优秀青年科学基金项目，围绕寒区冰雪路面开展研究。

"我看好哈尔滨的地域特色，看好学校提供的平台和机会，希望以自己的努力为基础研究、新兴产业发展贡献力量。"郑好期待在"冰天雪地"里大干一场。

寒地不仅提供了丰富的科研资源，而且是冰雪游的宝贵财富。抓住"文旅热"的风口，越来越多年轻人投身新经济、新业态，让城市发展尽显青春与活力。

"住惯了'千房一面'的快捷酒店，许多年轻人开始追

生动实践 ● ● ●

求差异化、个性化的消费体验。"几年前，曾在广东工作的林枫、侯佳选择回乡创业，以老哈尔滨风情打造复古民宿。如今，他们的特色民宿已开到十几家。

在和林枫一样的见证者眼中，"冰城"变为"热点"，一场消费方式和消费理念的变革正在发生，也为新时代人文经济学的生动实践增添注脚——

哈尔滨市文旅局在多个社交平台开设账号，实时更新冰雪旅游信息，其中不乏"哈工大"研学攻略、哈尔滨大滑梯盘点、雪人地图等"网红"观光点位；

叫响以西餐美食、地方小吃为代表的"哈埠菜"品牌，开发"滨滨有礼"、冰雪服饰等100多种工艺品和纪念品，促进旅游消费能力加快增长；

旅游企业和餐饮店主纷纷"头脑风暴"，创意推出黑马骑士、人造月亮、冰面热气球、狂飙气垫船、索菲亚大教堂甜点，"一天一个花样"，满足游客的眼球和味蕾……

冰雪节启幕，新经济、新业态在这里拔节生长。从哈尔滨到"尔滨"，再到"滨"，吸引各地旅行团带着好奇而来。

"哈尔滨绽放的雪花，是旅游业的繁花，表达了人们对消费复苏寄予的厚望。"2024年1月5日，中国冰雪旅游发展论坛在哈尔滨开幕，中国旅游研究院院长戴斌有感而发：

生动实践 ● ● ●

新时代旅游业要高质量发展，要推进文化和旅游在更深程度、更高层次和更广范围融合。

雪花装点"冰城"，欢聚点燃热情。这座看得见文化、留得住游客的"冰城"，带着人民对美好生活的向往和追求，奏响新时代东北全面振兴的强音，融入中国式现代化的雄浑交响。

新华社记者：顾钱江、管建涛、杨思琪

拓展篇

拓展文化经济研究的广度和深度

逢锦聚 马 峰 任 平 魏鹏举

"上有天堂下有苏杭，苏杭都是在经济发展上走在前列的城市。文化很发达的地方，经济照样走在前面。可以研究一下这里面的人文经济学。"2023年全国两会期间，习近平总书记在参加江苏代表团审议时布置下这么一个题目。我们应该怎样认识文化与经济之间的关系？我国文化与经济融合发展形成了哪些经验和启示？应当从哪些方面深化文化经济研究？南开大学原副校长逢锦聚、中央文化和旅游管理干部学院院长马峰、苏州大学特聘教授任平、中央财经大学文化经济研究院院长魏鹏举四位专家学者围绕这些问题进行探讨。

一

从根本上说，文化是由经济决定的，经济力量为文化力量提供发挥效能的物质平台。然而，任何经济又离不开文化的支撑。

　　　　　　——习近平：《文化是灵魂》，选自《之江新语》

　　记　者：在人类社会发展进程中，文化与经济从来不是彼此孤立的，而是紧密联系的。我们应该怎样理解和把握文化与经济之间的关系？

　　逄锦聚：从一般意义上说，经济是指人类社会以物质生产为基础的包括生产、分配、交换、消费诸环节在内的社会生产和再生产活动。文化有广义和狭义之分。广义的文化是指人类社会在历史发展过程中创造的物质财富和精神财富的总和，狭义的文化是指社会意识形式（哲学、政治、法律、艺术、道德等）以及与之相适应的制度和组织机构。经济作为人类生存发展最基础的活动，是与人类的产生、发展同时产生和发展的；文化无论是广义还是狭义上的，都是伴随人类社会经济活动而产生和发展的。

　　从人类社会发展一般规律看，经济发展决定文化发展，文化是一定社会经济形态的反映，又显著影响社会经济发展。二者相互作用，共同推动人类社会前进。马克思主义关于经济基础和上层建筑相互关系的论述，是理解和把握文化与经济关系的基本原理。需要指出的是，文化可以分为先进文化和落后文化。先进文化对经济发展起正向的、促进的作用，落后文化对经济发展起阻碍的甚至破坏的作用。

我国历史上形成了"盛世修典""盛世修文"的传统，在经济繁荣和社会安定基础上编纂经典、加强文化建设，又以文化建设促进经济繁荣和社会发展。这当中就包含着文化与经济相互促进的深刻哲理。

进入新时代，习近平总书记坚持把马克思主义基本原理同中国具体实际相结合、同中华优秀传统文化相结合，在强调经济基础作用、指出"发展是解决一切问题的总钥匙"的同时，也强调文化对经济发展的促进作用，提出"文化很发达的地方，经济照样走在前面""推动高质量发展，文化是重要支点""应对共同挑战、迈向美好未来，既需要经济科技力量，也需要文化文明力量"等重要论述，为新时代把握文化与经济的关系提供了思想和行动指南。

马　峰：文化与经济的关系古老而常新。我国先哲很早就认识到经济对文化的基础性作用，提出"仓廪实而知礼节，衣食足而知荣辱"等重要思想。同时，我国古代经济思想蕴含很强的人文价值，追求"经世济民"，强调人的因素在经济活动中的作用。比如，千百年来，我国形成了鲁商、徽商、晋商、浙商、闽商等带有区域文化特点的商业群体，体现了文化和作为文化载体的人对经济形态的塑造作用。

新中国成立后特别是改革开放以来，我们对文化与经济关系的认识逐步加深。一方面，文化具有意识形态属性，意识形态决定文化的前进方向和道路；文化的物质形式或者说文化产品像一般商品一样具有经济属性。另一方面，经济持续健康发展离不开人的因素，离不开文化的支撑作用；经济发展不能唯指标化、唯数据化，文化赋予经济发展以深厚的人文价值，先进文化与生产力中最活跃的人的因素一旦结合，就会极大提高劳动力素质，拓展劳动对象的广度和深度，提升人类改造自然、创造财富的能力。

任　平：文化与经济好比人类社会发展的两个车轮，二者相互作用，共同推动社会发展进步。从世界历史看，一个国家的经济发展往往会推动文化发展，同时文化会"润物细无声"地融入经济活动之中，为经济发展提供支撑和动力。比如，古希腊时期爱琴海沿岸的居民进行相互贸易，推动城邦经济发展，并孕育出相应的哲学思想和制度文化，促进各城邦经济繁荣和贸易发达；古丝绸之路不仅开辟了中国与相关国家的贸易往来之路，而且在经济贸易发展中开辟了各国文化交流、文明传播之路；等等。从唯物史观看，经济与文化之间存在着决定和被决定、作用和反作用的关系，这为我们进一步考察文化与经济交融互动、融合发展提供了重要基础。

魏鹏举：古今中外的先哲大都强调道德观念对经济发展的积极作用。比如，我国古人重视"义利之辨"，认为无论是个人还是国家，追求财富都需要以"道义"为前提，只有符合社会共同价值的经济活动才是有意义、可持续的。正如董仲舒所言，"正其谊不谋其利，明其道不计其功"。在西方的知识传统中，从古希腊开始也强调德行的重要意义。对于推动社会进步，德行的意义和价值要高于物质财富；对于实现个人价值，文化意义上的精神财富追求也比单纯的物质财富追求更为崇高。比如，亚当·斯密在《道德情操论》中分析了道德观念对于经济社会健康发展的促进作用。

对文化与经济关系的研究大致包括三个层面：在宏观层面，马克思、恩格斯对人类社会发展规律的研究表明，经济是基础，文化发展总体受到经济基础的制约，但也有能动的反作用；在中观层面，现代文化产业研究发现，文化产品和服务同其他商品一样具有市场价值；在微观层面，微观经济主体的文化建构以及文化环境对经济主体的影响等方面的研究表明，一定社会的文化环境总是对生活在其中的人们产生着同化作用。

二

所谓文化经济是对文化经济化和经济文化化的统称，其实质是文化与经济的交融互动、融合发展。

——习近平:《"文化经济"点亮浙江经济》，选自《之江新语》

记　者:从古至今，我国一直既重视物质发展，也重视精神文化提升。我国在文化与经济融合发展方面形成了哪些经验和启示?

逄锦聚:我国是历史悠久的文明古国，农耕文明长期居于世界领先水平。在经济发展的基础上，我国形成了灿烂的文化，比如，关于以民为本、安民富民乐民的思想，关于脚踏实地、实事求是的思想，关于经世致用、知行合一、躬行实践的思想，关于俭约自守、力戒奢华的思想，等等。这当中，也蕴含着解决当代人类面临难题的重要思想。

新中国成立后特别是改革开放以来，我国在社会主义现代化建设中坚持物质文明和精神文明两手抓、两手硬，取得了重大成就。党的十八大以来，我国坚持以经济建设为中心，同时把文化建设摆在全局工作的重要位置，巩固全党全国各族人民团结奋斗的共同思想基础。在推动物质文明和精

拓展阅读

神文明协调发展的实践中，我们深化了对文化与经济融合发展的规律性认识，比如，坚持以经济建设为中心，坚持经济、文化相互协调共同发展；坚定文化自信，坚持走自己的路，把中国经济发展经验提升为中国理论，实现文化上精神上的独立自主；加强对中华优秀传统文化中经济思想的挖掘、阐发，并进行创造性转化、创新性发展，使其与现代经济社会发展相协调；秉持开放包容，善于吸收一切人类优秀文明成果，培育和创造新时代中国特色社会主义文化，为新时代经济发展提供丰厚滋养；等等。

任　平：我国在文化与经济融合发展方面取得了许多经验启示，择其要者有以下几点。

一是文化为一个国家、一个民族的经济繁荣发展提供深厚底蕴。比如，我国传统文化讲求"天地之大德曰生"，在经济活动中注意突出人的因素、发挥人的作用；重视"义在利先""先义后利"，在获取利益时注意把道德、诚信等价值观念放在前面；等等。今天，中华优秀传统文化中蕴含的人文精神同马克思主义价值观一道，引导、支撑我国经济发展，使我国社会主义市场经济能够跳出西方市场经济过度追求物质满足的窠臼，在提升产品和服务文化品质的同时，为提高经济发展质量注入精神动力。

｜ 拓展阅读 ●

二是更好推动文化与经济融合发展，需要不断深化对经济文化化、文化经济化互促共进机制的认识和把握。比如，江苏苏州在传统与现代的结合上作了许多探索，历史文化传承、高科技创新和高质量发展交相辉映；浙江杭州正确处理保护传统文化和发展现代经济之间的关系，既通过传统文化的转化利用促进现代经济发展，又让经济发展反哺文化的传承保护。

三是文化与经济融合发展有利于增强社会凝聚力。比如，在经济社会发展中传承和发展中华优秀传统文化，用中华优秀传统文化涵养社会主义核心价值观，有利于发挥社会主义核心价值观凝心铸魂的作用，厚植经济发展的文化底蕴，实现经济行稳致远、社会和谐安定。

马　峰：党的十八大以来，我国文化与经济融合发展的步伐明显加快，形成了丰富实践经验。一是文化与经济交融共生，拓展了产业发展空间。当前，文化产业成为文化与经济融合发展的重要领域，并日益成为国民经济支柱性产业。与西方一些国家的文化产业起源于"文化工业"，突出娱乐化、唯利润化不同，我国文化产业发展坚持社会效益第一、社会效益和经济效益有机统一，致力于满足人民群众精神文化需求、增强人民精神力量。二是文化与经济相互赋能。文化与三次产业交融互动，既推动文化形态创新，又推动文化创意和设计服务等相关产业加快发展；文化与科技融合，催生出数字创意、网络视听、数字娱乐、线上演播等诸多新的文化业态，延伸了文化产业链。三是文化与旅游深度融合在服务国家重大战略中的功能作用日益凸显。比如，文化和旅游部围绕国家重大战略，发展京津冀、粤港澳大湾区、长三角、成渝地区等文化产业群和黄河、长江、大运河等文化产业带，联合相关部委实施文化产业赋能乡村振兴计划，充分发挥文化产业既"富口袋"又"富脑袋"的作用，彰显了文化铸魂赋能、促进国家重大战略落实的巨大效应。

魏鹏举：2000多年前，孔子提出"庶富教"思想，认为人口繁衍是国家存在和发展的基础，经济繁盛为人民安居乐业提供保障，在实现前两者的基础上加强文化教育、推动文化繁荣，为社会和谐与国家强大提供精神力量。这一思想深刻影响中国社会发展，对于我们今天推进中国式现代化也具有启示意义。

从改革开放以来特别是新时代以来的伟大实践看，思想文化增强经济活力，经济繁荣促进文化自信自强。我国之所以能创造经济快速发展和社会长期稳定两大奇迹，一个重要原因在于以思想文化的力量激发全社会敢想敢干的创新精

神、勤劳节俭的优良品德。同时，我国经济实力实现历史性
跃升也增强了全社会的文化自觉自信，提振了国内文化消费
和国际文化贸易。比如，以"国潮"为特征的"文化＋"消
费繁荣，带动整体社会消费活跃；对外文化贸易快速发展，
文化产品进出口总额与贸易顺差近年来都不断攀升。我们坚
持以人民为中心，积极推进物质文明与精神文明协调发展，
促进全体人民物质生活和精神生活都富裕。

三

我们推进理论创新是实践基础上的理论创新，而不是坐
在象牙塔内的空想。

——习近平总书记在二十届中央政治局第六次集体学习
时的讲话

记　者：目前，学术界在文化经济研究方面取得了哪些
重要成果？

马　峰：21世纪以来，我国文化与经济融合发展实
践日益丰富，也推动了相关学术研究。一是紧跟文化经济
发展加强实践研究，研究内容包括文化产业集聚、文化金
融、文化科技、文化消费、国际文化贸易等。二是形成了

拓展阅读

多层次多元化的研究视角。在宏观层面，主要包括文化经济发展顶层设计研究、中华文化元素对社会经济发展促进作用及其动力机制研究等；在中观层面，现代文化产业体系、现代文化市场体系研究卓有成效，重点行业、重要门类、主要业态的研究趋于细化，对文化生产、消费、传播、贸易等方面特点和规律的研究日益受到重视；在微观层面，侧重研究群体文化、传统文化等因素对企业生产经营管理、个体决策等方面的影响等。三是学科建设和人才培养得到加强。文化产业研究催生出艺术经济学、创意经济学、美学经济学、区域文化经济学等多个交叉分支领域，一些高校出版了《文化经济学》等相关教材，"文化产业管理"成为教育部学科门类中的本科专业，一些高校还开展了研究生培养工作。但要看到，与目前文化经济快速发展的实践相比，相关学术研究成果和学科建设还是初步的，研究队伍的学科背景大多是哲学、文学、历史等人文学科，有经济学等社会科学背景的研究人员数量虽在逐渐增多，但总量依然偏少，相关研究还需要进一步拓展和深入。

逄锦聚：近年来，我国文化与经济交叉融合研究取得的成果主要包括以下几个方面。理论研究方面，界定了文化产

拓展阅读 •

业、文化事业、文化经济的范畴，阐释了文化经济的特点及其与文化事业的区别和联系，阐释了发展文化产业与转变经济发展方式之间的关系，等等。政策研究方面，提出了建立健全现代文化公共服务体系、引导促进文化消费、重视扩大文化出口等方面的思路措施。学科建设方面，提出文化经济学的范畴，初步构建起文化经济学的理论架构；部分高校开设文化经济学的相关课程、编写文化经济学的教材、试办文化经济学的专业。这些成果为推进改革开放和社会主义现代化建设贡献了智慧和力量，也促进了我国文化经济的深入研究和发展。

魏鹏举：当前，文化经济研究大致可以分为两个方向：一是围绕文化经济化的特征、趋势等方面展开分析，集中体现为文化产业研究。文化产业研究正日益成为对现代市场经济条件下文化经济现象的综合性、整体性分析，包括传媒产业、娱乐产业、创意产业等。我国一些高等院校和科研院所设立了文化产业（经济）研究机构，从2004年开始，一大批高校设立文化产业相关学科专业，逐渐建立起包括本硕博学历教育和非学历培训的文化产业人才培养体系。二是用经济学的视角和方法分析相关文化现象，如探讨儒家文化、方言差异、文化距离等对经贸活动尤其是企业行为的影响等。

● 拓 展 阅 读 ●

任　平：学术界在考察不同文化经济形态的基础上加强概括和总结，初步形成了若干学术成果，主要包括：明确了文化经济研究要从总体上考察文化与经济的关系，探寻经济文化化、文化经济化互相促进的特点，形成文化与经济融合发展的规律性认识；明确了文化经济研究要重视人的因素，坚持以人民为中心，充分体现新发展理念的要求；在深化理论研究的同时加强案例研究，为文化经济发展提供实践支撑。

四

既要物质富足、也要精神富有，是中国式现代化的崇高追求。

——习近平总书记在新进中央委员会的委员、候补委员和省部级主要领导干部学习贯彻习近平新时代中国特色社会主义思想和党的二十大精神研讨班开班式上的讲话

记　者：在推进中国式现代化中深化文化经济研究，可以从哪些方面、哪些领域着力？

马　峰：党的二十大擘画了全面建设社会主义现代化国家、以中国式现代化全面推进中华民族伟大复兴的宏伟蓝

图。习近平总书记在文化传承发展座谈会上指出:"在新的起点上继续推动文化繁荣、建设文化强国、建设中华民族现代文明,是我们在新时代新的文化使命。"在推进中国式现代化中深化文化经济研究,首先,要深入学习贯彻习近平新时代中国特色社会主义思想,特别是要以习近平经济思想和习近平总书记关于文化建设的新思想新观点新论断指导文化经济研究。其次,要紧紧围绕中国式现代化的中国特色、本质要求和重大原则,着力研究其中所蕴含的文化与经济内在联系、协调发展的特点与规律。再次,要立足推动中华优秀传统文化创造性转化、创新性发展,围绕促进文化与旅游深度融合、高质量发展深化研究。

逄锦聚:加强文化经济研究,需要在以下主要领域和方面着力:一是加强对马克思主义基本原理特别是马克思主义中国化时代化最新成果中有关文化与经济关系的研究;二是加强对当代中国特别是党的十八大以来,我们统筹推进"五位一体"总体布局、推动高质量发展、积极发展社会主义先进文化等实践经验的总结;三是加强对中华优秀传统文化中经济发展与文化繁荣相互促进相关内容的挖掘和阐发;四是加强对国外文化经济发展状况和经验的研究;五是对文化经济学相关范畴进行界定;六是总结和提炼文化经济运行发展的规律性认识，以此为基础构建系统学说，这需要多学科联合攻关，不断取得新的进展和突破。

任　平：以学术界已经取得的成果为新的研究起点，未来可在以下几方面加以推进：一是深刻理解和把握中国式现代化对西方以资本为中心的现代化、物质主义膨胀的现代化的摒弃和超越，在推动物质文明和精神文明协调发展、建设中华民族现代文明的进程中，推动和深化对文化经济的研究；二是着力总结和概括文化经济学的本质内涵、基本特征、历史成因、主要功能和内在规律等，在科学化、系统化、体系化上着力；三是考察文化经济形态的成功案例，从实践研究中总结文化与经济交融互动、融合发展的经验和启示，不断深化对文化经济运行规律的认识；四是对经济文化化与文化经济化相互转化和促进的关键环节、必由路径、基本特征、主要功能、运行规则等方面加强研究，为理论创新和创造奠定基础。

五

当代中国正经历着我国历史上最为广泛而深刻的社会变革，也正在进行着人类历史上最为宏大而独特的实践创新。这种前无古人的伟大实践，必将给理论创造、学术繁荣提供强大动力和广阔空间。

——习近平总书记在哲学社会科学工作座谈会上的讲话

记　者：在新时代，我们应该怎样加强文化经济理论建设，更好为文化与经济融合发展提供学理支撑？

逄锦聚：在新时代加强文化经济理论建设，要坚持以马克思主义为指导，学习借鉴一切有益的人类文明成果，促进经济学与文化、艺术、美学、教育、哲学、历史、法律等学科交叉融合，建设立足中国国情、符合中国实际、具有中国特色的文化经济学。具体来说，需要把握好以下几个带有根本性、方向性的方面。

一是坚持以习近平新时代中国特色社会主义思想为指导，充分利用好三种理论资源：马克思主义政治经济学基本原理、马克思主义关于文化建设的思想和马克思主义中国化时代化最新成果，中华民族5000多年文明史中形成的优秀经济思想和文化思想，国内外理论界已经取得的文化经济学理论成果。

二是坚持人民性、科学性、实践性、开放性的统一，坚持问题导向，运用科学方法论，着力对中国式现代化进程中的文化与经济融合发展实践进行分析，深化对我国文化经济发展的规律性认识，并在此基础上揭示文化经济发展的一般规律。

三是努力确立和阐释新的范畴。范畴是人的思维对客观事物的普遍本质的概括和反映，加强文化经济理论建设既可以创造性地提出一系列新范畴，也可以在吸收借鉴国内外已有文化范畴、经济范畴的基础上赋予其新的内涵，使之不仅具有鲜明中国特色，而且反映文化经济发展的一般性。

四是推进文化经济学的体系化、学理化发展。围绕以新发展理念引领经济发展、繁荣中国特色社会主义文化、满足人民美好生活需要等，对我国文化经济学的一系列重大问题进行深入研究。比如，历史文化传承与科技创新、高质量发展的结合，文化与经济融合发展的机制、方式、微观基础、市场体系、宏观管理等，文化经济增长，文化经济与构建人类命运共同体，等等，在此基础上建构中国自主的文化经济学知识体系。

魏鹏举：在新时代加强文化经济理论建设，要坚持"两个结合"，运用好"六个必须坚持"的立场观点方法，探索具有中国特色的文化经济学范式；要聚焦文化经济形态，加强田野调查，从中获取新鲜经验并加以总结和提炼；要加强人才队伍建设、完善人才培养体系，推动文化经济学向专业化、精细化方向发展。

马　峰：要深入学习贯彻习近平总书记在哲学社会科学工作座谈会上的重要讲话精神，努力构建具有中国特色的文化经济学。一是融通研究资源，自觉运用马克思主义基本原理，从中华优秀传统文化中汲取智慧和滋养，吸收借鉴国外有益研究成果，加强中国特色文化经济学的学科建设。二是夯实研究根基，着眼于体系化、学理化建设，构建起理论性、实践性、民族性、时代性兼具的文化经济学学术体系。三是坚持守正创新，突破西方文化学和经济学的术语、概念、理论、范畴等局限，及时研究、提出、运用具有中国本土特点的新思想、新理念、新方法，提出易于为国际社会所理解和接受的新概念、新范畴、新表述，打造具有中国特色、中国风格、中国气派的文化经济学话语体系。

《人民日报》2023 年 9 月 4 日第 9 版

不断实现文化与经济交融互动

应雪林

习近平同志在《之江新语》中指出："所谓文化经济是对文化经济化和经济文化化的统称，其实质是文化与经济的交融互动、融合发展。"2003 年，时任浙江省委书记的习近平同志擘画实施"八八战略"，为浙江发展作出全面规划和顶层设计，引领浙江发展理念、发展方式、发展实践发生深刻变革，开启建设文化大省、发展文化经济的实践探索。在"八八战略"指引下，杭州以发展理念变革引领发展方式转变，积极探索文化与经济交融共兴的实现路径，赋予经济社会发展以文化内涵、价值引领和精神力量，赋予历史文化名城以时代内涵、时代价值和发展活力，展开人文经济发展的生动实践。

以文兴业，探索文化与科技融合共兴。习近平同志在浙江工作时指出，文化的力量是"经济发展的'助推器'"，"从根本上说，文化是由经济决定的，经济力量为文化力量

拓展阅读

提供发挥效能的物质平台。然而，任何经济又离不开文化的支撑"。进入新时代，习近平总书记指出："推动高质量发展，文化是重要支点"。这为杭州探索实践文化与科技融合共兴提供了行动指南。20年来，杭州抓住新一轮科技革命蓬勃兴起、文化创意产业方兴未艾、浙江建设文化大省等重要机遇，积极推进以文兴业、科技赋能，大力发展以"文化＋创意""文化＋科技""文化＋人才"为主要特征的文化创意产业，成为有效应对发展挑战、培育新的经济增长点的突破口，成为转变经济发展方式、推动高质量发展的新引擎。近年来，杭州文化产业的文化内涵和科技含量不断提升，规模和质量同步跃升，既支撑经济发展和科技创新，又反哺文化发展。2022年，杭州地区生产总值超过1.8万亿元，位居全国大中城市第9位；在全球科技集群中的排名跃升至第14位，数字经济核心产业增加值达5076亿元，占浙江的56.5%；文化产业增加值2420亿元，占地区生产总值的比重达到12.9%。实践表明，在新一轮科技革命和产业变革的大背景下，文化和科技对经济高质量发展的支撑作用日益凸显，文化、经济、科技交互融合的程度越深，迸发的生产力、创新力、引领力就越大，高质量发展的动能就越强。

以文为魂，探索文化与城市发展、生态保护融合共兴。

拓展阅读

杭州是国家历史文化名城、全国重点风景旅游城市。20世纪90年代，杭州掀起过一阵"旧城改造"、产业园区建设热潮，在推动经济发展、改善人民生活方面起到了重要作用，但也给城市历史文化传承和生态环境保护带来了压力。习近平同志在浙江工作期间，对杭州正确处理保护与发展关系格外关注，指出"要牢固树立保护历史文化遗产是政绩，也是责任的理念""既关注经济硬实力，又关注文化软实力；既修复自然生态，又修复人文生态；既打造投资者的天堂，又打造文化人的天堂"，强调"把保护与开发、建设有机结合起来，不断开拓保护与发展'双赢'的新路子"。这为杭州推动文化与城市发展、生态保护融合共兴指明了方向。20年来，杭州积极转变城市发展理念，变"拆老城、建新城"为"保老城、建新城"，梯度推进沿江、跨江、拥江发展，持续深化西湖、西溪、大运河、良渚遗址、"三江两岸"等综合保护工程，启动"宋韵文化传世工程"，推进"城市有机更新"工程、"城市记忆"工程、"文化基因解码工程"，加强物质和非物质文化遗产系统性保护，推动中华优秀传统文化创造性转化、创新性发展。今天，杭州成为拥有3项世界文化遗产和5项人类非物质文化遗产代表作的城市，历史文化名城与创新活力之城、生态文明之都交相辉映，连续多年成为全国人才流入最多的城市。实践表明，历史文化是城市的灵魂，良好的生态环境是人类生存与发展的基础。在推动城市转变发展方式、提高发展质量的过程中，只有处理好历史文化的保护与发展、城市建设与文化传承和生态文明建设的关系，城市发展才有"灵魂"、有成色、有吸引力和竞争力。

以文化人，探索物质文明和精神文明协调发展。在浙江工作期间，习近平同志指出："人的发展以精神文化为内核""'文化经济'的本质在于文化与经济的融合发展，说到底要突出一个'人'字"。进入新时代，习近平总书记强调："我们说的共同富裕是全体人民共同富裕，是人民群众物质生活和精神生活都富裕""物质富足、精神富有是社会主义现代化的根本要求"。这为杭州推动物质文明和精神文明协调发展指明了方向。20年来，杭州坚持以人民为中心的发展思想，把促进社会全面进步和人的全面发展、更好满足人民美好生活需要作为出发点和落脚点，坚持以文立心、以文化人、以文惠民、以文塑形，推动党的创新理论"飞入寻常百姓家"；加强公民思想道德建设，弘扬红船精神，广泛培育和践行社会主义核心价值观，弘扬"精致和谐、大气开放"的城市人文精神，提高城乡基本公共文化服务均等化水平，展现出物质文明和精神文明发展协调性显著增强、物质

拓展阅读

生活和精神生活共同富裕不断取得新进展的美好图景；涌现出"最美妈妈"吴菊萍、全国道德模范孔胜东、"时代楷模"陈立群等一批模范和典型，"礼让斑马线"等文明行为蔚然成风，充分彰显了文化和道德的力量。实践表明，现代化的本质是人的现代化。推进中国式现代化，必须把促进物的全面丰富和人的全面发展有机统一起来，把满足人民文化需要和增强人民精神力量统一起来，在不断夯实物质基础、实现物质富裕的同时，扎实推进精神共富、文化先行。

杭州在人文经济发展方面有着生动而丰富的实践，需要在经验总结、理论研究、学理阐释方面进一步深化拓展。我们要深入学习贯彻习近平文化思想，从理论和实践相结合上，深入探寻人文优势、文化力量全面融入经济社会发展并相互作用、融合共兴的实现路径和内在机制，挖掘支撑高质量发展、高科技创新、高品位城市、高品质生活的人文因素、人文传统、人文精神，进一步加强对实践探索经验和启示的总结提炼，更好推动文化与经济融合发展。

作者为中共杭州市委宣传部一级巡视员

《人民日报》2023年10月20日第13版

着力推进传统与现代有机结合

李　扬　战炤磊

习近平总书记 2023 年 7 月在江苏苏州考察时指出，苏州在传统与现代的结合上做得很好，不仅有历史文化传承，而且有高科技创新和高质量发展，代表未来的发展方向。苏州坚持传统与现代有机结合，推动文化与经济相互融合，在人文经济发展方面取得重要成果。苏州市委十三届五次全会将"深化'人文经济学'研究与阐释"确立为"在建设中华民族现代文明中贡献更多苏州经验"的一项重要举措。深入学习贯彻习近平文化思想，梳理和总结苏州在人文经济发展实践中的有益经验，对于推动文化与经济深度融合、实现高质量发展具有重要意义。

坚持以人为本，践行以人民为中心的发展思想。习近平同志在《之江新语》中指出："文化赋予经济发展以深厚的人文价值"。人文经济强调以人为本，在经济活动中既要见"数"见"物"更要见"人"，充分发挥文化的作用，引导经

┌─ **拓展阅读** ●───────────

济活动树立正确的价值取向。无论是古城保护还是新城建设，苏州都努力增强人民群众的获得感、幸福感、安全感；无论是培育壮大经营主体还是引进利用外资，都注重发挥人才第一资源的作用。擦亮"人到苏州必有为"品牌，将城市发展与劳动者自身发展紧密结合起来，建设"劳动者就业创业首选城市"，广泛吸引各类高素质人才。到 2022 年末，苏州各类人才总量达到 363 万人，其中高层次人才 37 万人、高技能人才 91.2 万人。实践证明，认真践行以人民为中心的发展思想，不断满足人民美好生活需要，充分发挥人民群众的智慧和力量，重视促进人的全面发展和社会全面进步，注重物质文明和精神文明协调发展，就能够促进高质量发展，不断增强经济社会发展的活力和动力。

坚持与时俱进，从中华民族精神中汲取智慧力量。习近平总书记指出，中华优秀传统文化代代相传，表现出的韧性、耐心、定力，是中华民族精神的一部分。苏州坚持推动中华优秀传统文化创造性转化、创新性发展，从中汲取智慧和力量，为高新技术产业和先进制造业发展提供人文支撑。比如，从园林造景艺术"以有限造无限"的功夫中汲取智慧，推动高精尖技术创新；从苏工、苏作中传承"致广大而尽精微"的理念，推动"专精特新"企业发展。又如，苏州发达的手工业传统中蕴含着工匠精神，"一辈子办成一件事"的执着不仅体现在非遗传承人身上，也体现在科技研发人员身上。与时俱进推动文化创新，发展社会主义先进文化，深入挖掘张家港、昆山、苏州工业园在发展中形成的经验启示并赋予其时代价值，凝练形成以"崇文睿智、开放包容、争先创优、和谐致远""敢闯敢试、唯实唯干、奋斗奋进、创新创优"等为主要内容的精神财富，为实现高水平科技自立自强提供强大精神动力。同时，大力发展教育事业，健全公共文化服务供给体系，全面提高居民文明程度。实践证明，传承发展中华优秀传统文化，从中汲取智慧和力量，能够更好发挥中华民族的文明底蕴和精神力量，为高质量发展提供强劲动力和有力支撑。

坚持保护与开发并重，丰富人文经济的产业载体。习近平总书记指出，城市规划和建设要高度重视历史文化保护，不急功近利，不大拆大建。要突出地方特色，注重人居环境改善，更多采用微改造这种"绣花"功夫，注重文明传承、文化延续，让城市留下记忆，让人们记住乡愁。苏州拥有丰富的历史文化资源，坚持保护传承与开发利用相结合，在城市

拓展阅读

规划中明确提出全面保护古城风貌，以地方立法的形式护航大运河文化保护传承利用，通过修缮更新姑苏古城、开发大运河文旅项目等方式让文化遗产"活"起来。扎实推动文化和旅游融合发展，运用数字技术推动历史文物"活"起来、博物馆"火"起来。截至2022年末，苏州拥有5A级景区6家、4A级景区36家，全国重点文物保护单位61处、省级文物保护单位128处，全年共接待国内外游客9922.81万人次，实现旅游总收入1863.35亿元。前瞻布局数字文化产业，协同推动数字文化产品供给优化和消费升级。截至2022年末，拥有规模以上文化企业1286家，实现营业收入3380亿元，其中数字及互联网相关的新业态文化企业实现营业收入1051.35亿元，增速高达30.4%，占全部规模以上文化企业营收的比重达到31.2%。实践证明，以文化为资源要素加强产品和服务创新，把文化资源优势转化为文化产业强势，能够为文化产业高质量发展注入新动能，为经济发展提供重要引擎。

面向未来，苏州推动人文经济高质量发展还有一些领域需要加强，例如，传统文化资源的产业化发展有待进一步扩大，文化产业的规模和结构需要进一步优化，促进文化与经济融合发展的体制机制需要改革创新，等等。

在中国式现代化进程中继续推动文化与经济深度融合、促进人文经济高质量发展，需要从多个维度协同发力。一是加强要素供给。深入实施中华优秀传统文化传承发展工程，综合运用数字化技术手段和现代化运营模式加强文物保护和利用；加大对文化创意人才的吸引力度，为他们营造良好工作和生活环境；设立相关发展基金，引导更多社会资本向人文经济领域汇聚；加强专项技术研发，增强先进技术的适用性，为人文经济发展提供科技支撑。二是强化载体支撑。推动文化与产品制造、产业发展等深度融合，加快发展新型文化业态，改造提升传统文化业态，促进经济结构调整和优化升级；推动文化产业园区转型升级，培育特色文化创意产业集群；依托区域特色文化资源，培育打造多领域、多层次、多功能的优质文化活动品牌，创新运营模式，提升人文经济的效率效益；加快实施文化数字化战略，加强文化大数据平台建设，夯实文化数字化基础设施。三是加强协同配合。深化人文经济学的理论研究和宣传阐释，在全社会凝聚推动人文经济高质量发展的广泛共识；加强规划，明确人文经济高质量发展的目标定位、总体思路、关键任务和保障机制等；

拓展阅读 ●

围绕人文经济高质量发展的关键节点和重点任务，加强文化和经济各部门之间的协调配合，形成文化与经济融合发展的合力。

作者单位均为江苏省习近平新时代中国特色社会主义思想研究中心

《人民日报》2023 年 10 月 20 日第 13 版

以兼容并蓄保持经济发展、文化繁荣

汤继强

四川成都是历史文化名城，自古就是中外交流的枢纽、西南丝绸之路上的明珠。如今，成都是中国最具活力和幸福感的城市之一。习近平主席在成都第 31 届世界大学生夏季运动会开幕式欢迎宴会上指出："拥有 2300 多年建城史的成都因海纳百川、兼容并蓄而始终保持经济发展、文化繁荣。"深入学习贯彻习近平经济思想和习近平文化思想，从人文经济学的视角总结梳理成都推动文化与经济融合发展的经验和启示，具有重要意义和价值。

充分认识历史文化对城市发展的重要意义。"益，古大都会也。有江山之雄，有文物之盛。"一个城市的历史遗迹、文化古迹、人文底蕴，是城市生命的一部分。中华民族的先民在成都创造了灿烂的古蜀文明，形成了悠久的历史文化，为中华文明繁荣发展作出了重要贡献。历史上，成都经济也很发达，在西汉时期就集聚了大量人口，在唐代工商业繁华、有"扬一益二"之说，在北宋时期诞生了世界最早的纸币"交子"。新中国成立后特别是改革开放以来，成都充分认识历史文化对城市发展的重要意义，坚持在保护中建设、在传承中发展。新时代以来，成都贯彻落实习近平总书记在成都考察调研时提出的"突出公园城市特点"重要指示精神，注重挖掘城市历史文化资源，以全面建设践行新发展理念的公园城市示范区为统领，加快建设中国西部具有全球影响力和美誉度的社会主义现代化国际大都市。今天的成都从"古大都会"发展成为现代化城市，公园城市示范区建设取得重要成果。在建设践行新发展理念的公园城市示范区的探索中，坚持历史文化赓续传承与城市创新发展的内在统一，将历史文化包容性、多样性与现代化要素有机结合，既保持自身特色又兼容并蓄，为推动经济发展、文化繁荣注入深厚力量。

充分发挥文化在激发城市活力、潜力和创新能力等方面的重要作用。习近平总书记指出："文化是城市的灵魂。"2018年，成都提出建设世界文化名城的目标，努力高水平建设文创名城、旅游名城、赛事名城，高标准打造国际美食之都、音乐之都、会展之都，着力提升成都文化全球影响力。2021年10月，中共中央、国务院印发《成渝地区双城经济圈建设规划纲要》，明确支持成都建设世界文化名城。成都在推进世界文化名城建设中，着力以文兴业，推动文化创意产业规模实现跃升，2022年文化创意产业增加值2261亿元，占地区生产总值比重达10.9%，2023年在全球科技集群排名中居第24位；着力以文润城，推动东安湖体育公园、天府艺术公园、成都自然博物馆、成都城市音乐厅等一批功能地标落成，成为城市文化符号的重要组成部分；着力以文惠民，建成博物馆180多家，其中非国有博物馆110多家、居全国第一，各类书店3600多家、居全国第一，不断丰富人民精神文化生活；着力以文互鉴，成功举办第31届世界大学生夏季运动会、联合国世界旅游组织第22届全体大会、中国成都国际非物质文化遗产节、成都国际美食节、金熊猫奖等重要活动，以开放包容的姿态搭建全球文明互鉴、文化交流的平台；着力以文聚才，提出"把城市C位留给年轻人""成都成就梦想"等口号，聚集各类人才超过620万人。成都在世界文化名城建设中，注重发挥文化在激发城市活力、潜力和创新能力等方面的重要作用，在不断提升城市高质量发展内生动力的同时，促进文化进步，更好满足人民文化需求，增强人民精神力量。

拓展阅读

　　促进科技与人文交相辉映、融合发展。习近平总书记指出，以科技创新开辟发展新领域新赛道、塑造发展新动能新优势，是大势所趋，也是高质量发展的迫切要求，必须依靠创新特别是科技创新实现动力变革和动能转换。近年来，成都坚持以科技创新引领现代化产业体系建设，促进科技与人文融合发展，形成了新的文旅融合发展场景，比如，"夜游锦江"项目综合运用视听、光影等技术，实现"数字文化＋硬核科技＋未来街区"的巧妙融合，让人们能够沉浸式体验古蜀文明；形成了新的网红打卡空间，比如，成都高新区的芙蓉岛公园按照可进入、可感知、可参与的理念，打造集生态、艺术、科技于一体的"漂浮公园"；形成了"数字文化＋"新业态，以智慧城市建设为契机，打造云展览、云阅读、云视听、云直播等云端文化服务体系，发展演艺、文化遗产旅游、博物馆书店旅游、研学旅游、主题公园等新型业态。人文与科技深度融合，催生出新场景、新空间、新产品、新业态等，有力提升文化科技创新能力，有效转变经济发展方式，推动文化事业和文化产业更好更快发展，在更好满足人民精神文化生活新期待、打造宜业宜居城市方面发挥了重要作用。

┤拓展阅读├●

　　同时要看到，成都的文化创意、赛事、音乐等产业规模和集聚度有待进一步扩大，龙头企业数量和质量还有较大提升空间，国际化和市场化程度仍需提升。面向未来，继续推动文化与经济融合发展，可以从以下四个方面着力。一是深化人文经济学理论研究。鼓励本地高校与国内其他知名高校联合开展人文经济学交叉学科建设和人文经济学理论研究，推动相关部门与智库机构联合开展人文经济发展实践调研和课题研究，为人文经济学创新发展提供学理支持。二是传承历史文脉、创新时代表达。加大对文物和历史文化遗产的保护力度，创新推进川剧、蜀锦、蜀绣等非物质文化遗产的传承发展和现代表达，让优秀历史文化焕发时代魅力；广泛培育和践行社会主义核心价值观，勇攀城市文明"新高峰"。三是在建设世界文化名城中锻长板、补短板。强化产业融合和区域协同，通过引进和培育专业机构、链主企业等做大产业规模，通过引进举办国际组织认证的大型活动、打造"国字号"活动聚集地等提升赛事活动能级，持续擦亮城市品牌。四是进一步为城市发展注入文化力量。充分挖掘成都历史文化底蕴，持续推动文化、经济、科技深度融合，大力推动并鼓励社会多元主体投入人文城市建设。例如，可加大历史文化场馆向公众开放的力度，加大"博物馆日""读书日"

拓展阅读

等人文活动的宣传力度，鼓励举办音乐会、文化沙龙、读书分享等多样化的文化体验活动，增加数字文化产品供给，加强公共文化设施建设，等等，更好满足群众文化需求。

作者为西南财经大学中国金融研究中心教授

《人民日报》2023 年 10 月 20 日第 13 版

深入发掘长江文化的时代价值

贺云翱

　　长江是中华民族的母亲河，其造就的千年文脉，是中华民族的代表性符号和中华文明的标志性象征。习近平总书记在主持召开进一步推动长江经济带高质量发展座谈会时强调，深入发掘长江文化的时代价值，推出更多体现新时代长江文化的文艺精品。一部长江文化史，蕴藏着中华民族的文明基因，承载着中华民族的共同记忆，浇灌出中华民族共有的精神家园。奋进新征程，坚持以习近平新时代中国特色社会主义思想为指导，深入学习贯彻习近平文化思想，传承长江千年文脉，深入发掘长江文化的时代价值，推动中华优秀传统文化创造性转化、创新性发展，是推动长江经济带高质量发展的内在要求，也是继续推动文化繁荣、建设文化强国、建设中华民族现代文明的应有之义。

长江文化源远流长、璀璨夺目

世界上许多原生文明都诞生于大河流域。中华文明在黄河、长江的孕育滋养下发展至今。长江绵延6300余公里,是中国第一大河、世界第三大河,长江流域是中华民族的重要发源地之一。长江从西到东穿越青藏高原、横断山区、云贵高原、四川盆地、江汉平原、长江中下游平原等几大地理单元,长江流域河网密集,拥有岷江、沱江、嘉陵江、汉江、湘江、赣江、黄浦江等众多支流,沿着长江还有洞庭湖、鄱阳湖、巢湖、太湖等重要湖泊。长江贯通名川大湖,形成一个十分巨大的自然区域。文化如水,水脉亦文脉。这些地理环境共同提供了流域内文化孕育生长的生态条件,浇灌出长江文化的绚丽花朵。

长江文化的宏阔气象,离不开千万年的深厚积淀。从时间维度看,长江文化源远流长。长江流域发现过约200万年前的龙骨坡遗址及"巫山人"化石、安徽繁昌"人字洞"石器,170万年前的云南"元谋人"化石,等等。从直立人到智人化石,长江流域都有发现,序列清晰。数千年前,长江中游的石家河文化和下游的良渚文化交相辉映。两周之际,形成巴蜀、荆楚和吴越三大文化圈。至秦汉时,南北区域的共同发展推动长江文化在不断交流中取长补短,奠定了其规模和内核。经过魏晋南北朝、隋唐时代、宋室南迁的历史变迁，我国经济重心逐渐转移，文化资源持续向南方集聚，确立了长江文化在整个中华文化版图中的重要地位。明清两代长江文化臻于繁盛。步入近代，工商文化成为长江文化的重要组成部分。从原始石器文化到现代工商文化一脉相承，长江文化记录了中华文化的繁荣发展，结出灿烂的文明硕果。从空间跨度看，长江流经 11 个省区市，青藏地区的藏羌文化、长江上游的巴蜀文化、长江中游的楚湘文化、长江下游的吴越文化等，各具特色的区域文化交汇融合、互联互补，最终汇集为兼容并蓄、意蕴深厚的长江文化，形成了一条独具特色的文化聚集带。可以说，长江文化是一个时空交织的多层次、多维度的文化复合体。

通观中华文明发展史，从巴山蜀水到江南水乡，长江流域人杰地灵，陶冶历代文化精英，涌现无数风流人物。长江流域以水为纽带，连接上下游、左右岸、干支流，使得各区域之间的交流沟通非常频繁，形成经济社会文化大系统。今天，长江仍然是连接丝绸之路经济带和 21 世纪海上丝绸之路的重要纽带，焕发着勃勃生机。

长江文化具有独特内涵和突出特质

长江流域拥有我国古代最发达的稻作农业经济与商业市镇经济，与这种经济生产方式相伴而生的，是人们在长期历史演进中形成的思维方式、衣食住行、岁时节令、风土人情等文化风貌。长江文化是依托长江流域自然地理空间形成和发展的文化体系，是长江流域文化内涵和文化特征的总和与集聚。它既包括历史长江文化和当代长江文化，也包括长江物质文化和长江精神文化。就领域而言，长江文化包括农业文化、都市文化、工业文化、商贸文化、建筑文化、水运文化、教育文化、科技文化、文学艺术文化、民俗文化、生态文化等，是一个悠久博大、丰厚精深、不断演进、持续发展的精神宝库。在漫长历史发展中，长江文化形成自身的突出特质。

一是根深叶茂、传承有序。人工驯化水稻、早期玉器工艺、大型人工运河、大型水利设施、浪漫主义文学等，都与长江流域的自然历史条件密不可分。长江文化根脉之深厚、体系之绵长，对中国乃至世界文明的发展都产生了深远影响。

二是多样竞辉、开放包容。长江流域地理单元复杂，山体多、支流众，在这种多样生态中孕育出来的文化，如藏、羌、巴、蜀、滇、楚、赣、皖、吴、越等区域文化，呈现出多样竞辉的宏大格局。长江通江达海，长江文化具有海纳百川、兼容并蓄的文化特质。

三是创新超越、与时俱进。史前的上山文化、高庙文化、河姆渡文化、大溪文化等各有风姿；良渚文化展现了玉器文化的精美；商周时期的三星堆文化独特鲜明，神奇壮美；春秋战国时期的荆楚文化缤纷多彩，瑰丽浪漫；唐代"扬一益二"、陆海兼通，宋代"上有天堂，下有苏杭"；从宋代到明清，江南丝绸"衣被天下"、名扬海内外，瓷都景德镇货通四海；近代以来，汲取西学，善于创新，工业、商贸、教育、科学等领时代之先；等等。这些无不展现了长江文化既一脉相承又创新发展的特质。

四是精勤内敛、家国天下。长江流域有精于工艺的文化特点，丝绸、织锦、刺绣、陶瓷、玉雕、漆艺、建筑、茶道、园林、雕版印刷等工艺都在长江流域形成体系。长江流域崇文重教，先贤辈出。从屈原的爱国忧国情怀，到范仲淹的"先天下之忧而忧，后天下之乐而乐"，再到近现代一大批仁人志士担负起民族复兴的历史使命，彰显着中华儿女自强不息的民族气节、宏伟远大的爱国志向。

五是诗情画意、浪漫自由。长江流域山高水长，峰峦竞秀，鬼斧神工，天造地设，涵养出人们丰富多彩的心灵世界，由此带来文学艺术、思想哲学的蓬勃发展。谢灵运、李白、苏东坡留下千古名篇，徐渭、八大山人、扬州八怪创造艺术高峰，《孔雀东南飞》《梁山伯与祝英台》等文学作品传诵至今。

推动长江文化赓续不绝、传承发展

当今世界，文化在经济发展中的作用越来越大，文化与经济相互作用、相互促进，日益成为一个整体。长江文化既是长江流域历史发展的产物，又成为当前推动长江经济带高质量发展的重要支撑。党的十八大以来，习近平总书记高度重视保护传承弘扬长江文化，作出一系列重要指示。2021年底，长江国家文化公园建设正式启动；2023年7月，文化和旅游部、国家文物局、国家发展改革委联合印发《长江文化保护传承弘扬规划》，一系列切实举措推动长江文化赓续不绝、传承发展。新时代新征程，我们要深入学习贯彻习近平文化思想，坚守中华文化立场，以文培元，以文铸魂，传承长江千年文脉，让长江文化更加熠熠生辉，为长江经济带高质量发展提供强大的价值引导力、文化凝聚力、精神推动力和现实创造力。

加强长江文物和文化遗产系统保护。广泛分布于长江流

拓展阅读

域的大量文物和文化遗产，见证着长江文化的源远流长，昭示着长江文化的创造与魅力，是长江文化保护传承弘扬的重要根基。要坚持古为今用、推陈出新，激活长江丰富的历史文化资源，深入挖掘长江文物和文化遗产的多重价值，展示传播更多承载中华文化的价值符号和文化产品，做大做强中华文化重要标志。加强战略对接和区域统筹，着力健全系统保护、协同保护的体制机制，更多借助科技手段、调动社会力量，不断加大长江文物和文化遗产保护力度，传承好中华文化基因，守护好中华历史文脉，为长江经济带高质量发展聚合文化力量。

推动长江文化育民、惠民、利民。保护不是将文物和文化遗产束之高阁，最好的保护是让文化走进人们的日常生活、浸润人们的精神世界。要加强文艺作品创作生产，聚焦长江题材，讲好长江故事，推出更多满足人民群众需求、体现长江文化内涵的优质文化产品，用长江文化蕴含的中华优秀传统文化、革命文化、社会主义先进文化固本培元，让人们享有更加充实、更为丰富、更高质量的精神文化生活。提升长江流域公共文化服务水平，优化供给、创新机制、提高效能，加强资源整合和共建共享，推动长江文化融入公共文化产品和服务。发挥长江文化的教化功能，成风化俗，推动

拓展阅读

长江文化融入基层治理和社会建设，用长江文化引导人、凝聚人、激励人。

推动文化产业和旅游业发展提质增效。文化和旅游是长江经济带发展的重要支撑，其地位和作用日益凸显。要坚持以文塑旅、以旅彰文，推动长江流域文化产业和旅游业深度融合，找准点位，提升效能，发挥旅游在传播弘扬长江文化方面的独特优势。推进长江国际黄金旅游带建设，大力培育体现长江文化的优质旅游产品和精品线路，让人们在领略自然之美中感悟文化之美、陶冶心灵之美。引导和支持长江经济带沿线省区市发展新型文化企业、文化业态和文化消费模式，提高产业发展水平和产品创新能力。纵深推进"文化+""旅游+""数字+"，推动长江经济带重要节点城市深度融合产城景、农文旅等资源，丰富相关产业文化和人文经济内涵，提高行业发展能级，培育长江经济带高质量发展新动能。

作者为南京大学历史学院教授

《人民日报》2023年11月13日第10版

写好"人文经济学"这篇大文章

仲　音

2024 年 5 月 23 日至 27 日，在第二十届中国（深圳）国际文化产业博览交易会上，展出超 12 万件文化产品，首次设立的"文创中国"专题展区吸引众多观众打卡……新业态百花齐放、新产品精彩纷呈，折射出我国文化产业高质量发展的丰硕成果和旺盛活力。

"人文经济学"，习近平总书记提出的这一重大课题，蕴含着推动物质文明和精神文明协调发展的辩证法。"建设中华民族现代文明，是推进中国式现代化的必然要求""探索文化和科技融合的有效机制，加快发展新型文化业态，形成更多新的文化产业增长点"……在习近平文化思想的指引下，坚持以文化人、以文惠民、以文润城、以文兴业，推动人文与经济良性互动、相得益彰，正在为高质量发展注入澎湃动能、厚植中国式现代化道路的人文底色。

拓展阅读

12.9亿人次！这是2023年我国博物馆接待的观众总量。2023年全年新增备案博物馆268家，全国备案博物馆达6833家。"观乎人文，以化成天下。"丰富人民精神世界，是中国式现代化的本质要求之一。从三星堆博物馆新馆、殷墟博物馆新馆、陕西历史博物馆秦汉馆等陆续开放，带动"博物馆热"不断升温，到城市书吧、农家书屋等新型公共文化空间持续扩展，丰富老百姓家门口的文化粮仓……实践启示我们，写好"人文经济学"这篇大文章，关键要坚持以人民为中心，不断满足人民日益增长的美好生活需要，为人民提供更多更好的精神食粮。

福建泉州，千年的海洋文化、海丝文化、闽南文化交相辉映。蟳埔渔村簪花传统火爆出圈后，吸引许多游客前往泉州游世遗、戴簪花、品美食，2023年全市旅游总收入首次突破千亿元，比上年同期增长近七成。河南郑州，"只有河南·戏剧幻城"以全景式体验、互动式观剧，带领游客沉浸式感受厚重的中原文化，2024年"五一"假期，吸引了超50万人游览，综合收入同比增长40%。坚持以文塑旅、以旅彰文，文化和旅游融合发展实现了社会效益和经济效益的统一。面向未来，持续探索文化经济化、经济文化化互促共进机制，把文化优势源源不断转化为经济优势、发展优势，定能助力文化与经济良性互动、共生共荣。

中华优秀传统文化是中华文明的智慧结晶和精华所在，是中华民族的精神命脉，是我们在世界文化激荡中站稳脚跟的根基。从苏工、苏作中传承"致广大而尽精微"的理念，江苏苏州推动"专精特新"企业发展，织就经济繁荣与人文鼎盛的"双面绣"，2023年入围国家专精特新"小巨人"企业新增230家。从东方美学、传统服饰文化中寻找灵感、汲取滋养，山东曹县形成集原创研发、设计制作、网络营销等于一体的汉服产业链，乘着"汉服潮""电商风"，2024年以来汉服网上销售额已达19.8亿元。实践告诉我们，在传统与现代的结合上下功夫，做到既有历史文化传承，又有高科技创新和高质量发展，代表着未来的发展方向。只要我们坚持守正创新，推动中华优秀传统文化创造性转化、创新性发展，充分展示中华民族的独特精神标识，定能更好构筑中国精神、中国价值、中国力量。

习近平总书记指出："泱泱中华，历史何其悠久，文明何其博大，这是我们的自信之基、力量之源。"新征程上，中国式现代化赋予中华文明以现代力量，中华文明赋予中国式

拓 展 阅 读

现代化以深厚底蕴,我们完全有信心、有能力、有条件写好"人文经济学"这篇大文章,为民族复兴立根铸魂,在推进中国式现代化进程中推动中华文明重焕荣光。

《人民日报》2024年6月4日第1版

明清时期苏州的人文经济实践

——以"苏作"为中心

王卫平

人文经济或文化经济是人文经济学的核心概念。人文经济学主张经济与人文的互动，强调文化包括道德力量、人文关怀等在经济发展中的重要作用，以文化为轴心，以经济为动力，实现市场价值和文化价值的共赢，推动经济社会的可持续发展。苏州具有悠久而灿烂的历史文化，明清时期的苏州，经济结构出现了某种程度上的"转型升级"，即从过去的农业中心发展为以工商业为中心。以往学界总是从地理环境、交通、市场等方面研究苏州工商业的发展情况，其实还可以打开思路，从更多角度探究其深层原因，笔者认为，苏州工商业的发展与人文的深度渗入密切相关。

明清时期苏州手工业发达，突出地表现为生产规模扩大、行业增多、分工趋细、产品质量提高以及生产方式的变化等方面。康熙《苏州府志·风俗》有谓："吴中男子多工艺

拓展阅读 ●

事，各有专家，虽寻常器物，出其手制，精工必倍于他所。女子善操作，织纴刺绣，工巧百出，他处效之者莫能及也。"据碑刻资料的粗略统计，苏州的手工业行业有丝织业、刺绣业、踹布业、染布业、冶金业、造纸业、刻书业、蜡烛业、玉作业、木作业、装裱业等数十种。基于经济基础雄厚、文化发达以及在此基础上追求时尚的社会背景，手工业者多能秉承工匠精神，致力于技术创新，追求产品质量，树立品牌意识，使不少手工业产品摆脱"技"与"术"的范畴，而达于"艺"与"道"的境界。当时苏州的手工业产品许多都可以艺术品视之，代表了一种时尚、一种品位，由此出现了一个当时颇为流行的专用名词——"苏作"，用我们今天的话来说就是"苏州制造"。"苏作"产品种类繁多，本文仅略举装裱、玉作以及苏式家具三个行业，以见文化与经济的深度互动。

一

装裱业是明清时期苏州颇为发达并最具特色的技艺行业之一，时人记述中认为"装潢以本朝（指清朝）为第一，各省之中以苏工为第一""吴装最善，他处无及焉"。众所周知，明清时期苏州的书画艺术兴盛，"吴门书派""吴门画派"闻名遐迩。而书画必经装裱才能保存收藏，所谓"书画不装潢，既乾损绢素，装潢不精好，更剥蚀古香"。由此促进了装裱业的兴起与兴盛，涌现出不少为人称道的装裱大师，如晚明裱褙师汤臣，被誉为"国朝第一手"，"博雅多识，尤妙赏鉴家"；一代文豪王世贞"家多珍秘，深究装潢"，"有强氏者精此艺，弇州延为上宾，居于家园"；清代"吴中多藏鉴之家，惟顾元方笃于装潢"；吴县人吴文玉"以装潢擅名一时"；等等。这些装裱匠师都具有较为深厚的文化基础，对书画艺术有较深的感悟，有的甚至能书会画，如明代徐海门"有巧思，往来湖海间，觅残碑断碣，装潢成帖，鬻好事者以为常。因精研拓揭楮墨之诀，镌成《宝晋斋法帖》十卷，几于夺真"；清代王蟠，交结豪门，"所见古玩甚多，兼得其绪论，以此善于鉴别，其装潢书画之外，尤长制诸器物"。由于这些匠师技艺高超，识见不凡，喜欢收藏的权贵文人也乐于结识，甚至"厚遣仪币""延为上宾"，给予足够的尊重。明末清初周嘉冑在《装潢志》中曾提及多人，如富商汪景纯，好文学，喜收藏，得王右军真迹，遂"往聘汤氏，厚遣仪币，张筵下拜"。又因汤氏其人"慷慨诚笃"，故而"士大夫多与之游"。李周生得《惠山招隐图》，"延庄希叔重装，先具十缗为聘，新设床帐，百凡丰给，以

拓展阅读

上宾待之"。前述王世贞"延强氏为座，主宾赠贻甚厚"，因王世贞的文化地位与影响力，以至影响一时风气，"一时好事，靡然向风，知装潢之道足重矣"。所以，周嘉胄认为吴中装裱业虽独步天下，师匠众多且技艺精湛，但"亦必主人精审，于中参究，料用尽善，一一从心，乃得相成合美"。正是文人士大夫与装裱匠师的协力合作、共同参究，才相得益彰，造就了苏州装裱业的全国第一地位。

自晚明时起，苏州的书画文物收藏之风盛行，权贵之家、文人士大夫以及富商大贾争相趋奉，乾隆《吴县志·风俗》有谓："富贵之家多收藏古玩，名曰'骨董'，或画或字或器皿，尺幅寸缣，贵踰拱璧，一瓶一碗，珍若连城。"这是苏州装裱行业兴盛的社会基础。限于资料，我们无法量化装裱业经济体量，但从"吴中千百之家"从事装裱的情况，以及"酬贶甚厚""厚遣仪币"等收入待遇，大概可以窥知这一行业的市场规模。更为重要的是，装裱业的兴盛还推动了丝织、纸张等行业的同步发展。书画装裱离不开丝织材料。苏州是丝绸之府，丝织业生产本就发达。装裱业用料考究，由于书画装裱裱心及装饰挂轴等多采用织锦和绫绢，因此装裱业的繁荣必然推动丝织业的进一步发展。王鏊《姑苏志》中即曾提及，"今吴中所织海马、云鹤、宝相花、方胜之类，五色眩耀，工巧殊过，犹胜于古"。其中的紫白落花流水锦，专门"充装潢卷册之用"。苏州手工艺行业之间的相互依存、相互促进，亦于此可见。

二

苏州是明清时期玉作业的中心，水平之高居于全国之冠，所谓"良工虽集京师，工巧则推苏郡"。苏州阊门专诸巷及天库前吊桥一带分布着为数众多的作坊店铺，琢玉之声"昼夜不停，比户可闻"。据民国时人所述，清朝末年"苏地业此者三数百，商而工则三千余人"。乾隆皇帝南巡时多次到过专诸巷一带，并留下不少诗文，如"专诸巷里工匠纷，争出新样无穷尽"，"量质作新器，求师述古风。专诸多巧匠，无可用精工"，等等。苏州的琢玉工匠因为技艺精湛而得到皇帝的赏识，许多工匠被征用到皇宫中从事制玉工作。有学者根据宫中档案统计，仅乾隆年间宫廷造办处从苏州征调的玉工就有18批次近40人。他们不仅负责宫中的玉器制作，还负责咨询和培训。如此一来，促进了南方与北方玉雕技艺的交流，也促进了宫中审美意趣与苏州玉雕艺术的有机融合。

苏州琢玉业的繁盛，造就了一批身怀绝技的工匠，如陆子冈、周尔森、江皜臣、姚宗仁等，尤以陆子冈声名最著。

拓展阅读

陆子冈活跃于明代中后期，有"碾玉妙手"之称。有学者评价他"名气之大在中国琢玉史上是独一无二的"。他所制作的玉器，价格昂贵，"皆比常价再倍"。据地方志记载，陆子冈所造水仙玉簪，"玲珑奇巧，花茎细如毫发"，价钱"一枝值五十六金"。其所以如此，当与其制作具有浓郁的文化韵味有关。陆子冈"名闻朝野"，能"与士大夫抗礼"，表明他不仅具有高超的技艺，而且有较为深厚的学养。根据对陆子冈传世作品的研究，学者认为其"凭借自身对书画艺术的修为，首创了'诗书画印'于一体的新型玉佩'子冈牌'，一改明代玉器的陈腐俗气，引领了苏州风格的玉器，得到当时缙绅的欣赏"，由此"陆子冈所擅长的'诗书画印'入玉设计与平面减地技法，成为后世玉工沿袭和传承的主要载体，'子冈牌'成了玉行四百年来长兴不衰的经典之作"。

三

家具制造业是明清时期苏州最为发达的行业之一，"苏式家具"是明式家具的一个典型代表。晚明松江人范濂在《云间据目抄》一书中提到，松江地区的"细木家伙"多从苏州购买，不仅豪门之家"动费万钱"，即便"奴隶快甲之家"，亦"皆用细器"，充分反映了苏式家具的受欢迎程度以及用途之广。与此同时，由于苏式家具用料考究，造型古朴，充满文趣，具有重要的收藏价值，因此人们争相高价收购。《陶庵梦忆》记载，两淮巡抚李三才看中一件铁梨木天然几，欲花一百五十金购买而未得，结果被别人以二百金购去。可见，苏式家具有着广阔的市场规模和很高的经济价值。

相对于其他行业，苏式家具行业似乎更能反映人文经济的特点。有专家对苏式家具的文化精神进行了总结提炼，认为好古风雅之情是苏式家具造型之美的丰富底蕴、精到周详的"设计意匠"体现了文人造物的美学尺度、书画诗文的情怀意境使苏式家具获得了精神升华。好古风雅之情、"设计意匠"以及书画诗文的情怀意境无不体现出文人的积极参与，深刻体现出文化对家具制造的渗透。

苏式家具的设计理念离不开文人的参与与指导。晚明时期很多文人都参与过家具等的设计，尤以文震亨最为著名。其《长物志》一书，被视为中国历史上第一部全面探讨文人士大夫生活环境艺术的著作，书中设有"几榻"篇专门讨论家具。如关于几榻，"古雅可爱"，并"坐卧依凭，无不便适"；再如椅，"须照古式为之"，"宜矮不宜高，宜阔不宜狭"；等等。总之，家具既求古雅，又要实用。明末著名造园家计成在《园冶》中提出，"世之兴造，专主鸠匠，独

拓展阅读

不闻'三分匠七分主人'谚乎？"这强调了文人士大夫权贵（有能力造园之人）在造物中的主导作用，所论虽指园林建造，但也适用于家具制作。在江南文人的眼里，生活的格调和方式，包括陈设布置、家具器物，一切皆是主人爱好、品性和审美意识的体现。可以认为，这些文人理念对苏式家具的制造产生了深刻影响，苏式家具实是文人士大夫与工匠共同劳动的结晶。

家具用料追求奇品，体现天然之趣。如《长物志》中所提到的，"禅椅以天台藤为之，或得古树根，如虬龙诘曲臃肿，槎枒四出"，"几以怪树天生屈曲若环若带之半者为之，横生三足，出自天然"。所以，我们看到范濂《云间据目抄》中提到松江富室"凡床厨几桌，皆用花梨、瘿木、乌木"之类，花梨、乌木等均为硬木，因木性上纹理色泽多变、颇具山水之趣，深受文人喜爱，而其中的"瘿木"实即干枝上有无规则结疤的树木，不规则的花纹就像古拙山石一样具有自然雅趣。家具造型崇尚简朴无华，结构简约，精雅而富于意趣。苏式家具线条流畅，比例适度，中正稳重，放在江南园林或者普通民居中，令人感觉非常协调。圈椅、文椅、书桌、画桌、书橱、花几等，均是苏式家具中的经典造型。其中圈椅天圆地方的造型和功能上的舒适文气，极为符合中国传统文化"天人合一"的理念。家具装饰丰富多样，整体上保持文人的审美要求，力求简洁明快，强调装饰与整体效果的和谐统一。不少家具上留有名人诗文题签，尤其凸显苏式家具的"文气"。如文徵明弟子周公瑕在其使用的紫檀木扶手椅靠背上题诗曰："无事此静坐，一日如两日。若活七十年，便是百四十。"再如南京博物院收藏的万历年间苏制书桌腿部，也刻有"材美而坚，工朴而妍，假尔为凭，逸我百年"等。从中可以略窥晚明文人士大夫的文化追求和生活日常。

康熙《苏州府志·艺术》指出，"吴人多巧，书画琴棋之类曰'艺'，医卜星相之类曰'术'，梓匠轮舆之类曰'技'，三者不同，其巧一也。技至乎此，进乎道矣"；《陶庵梦忆·吴中绝技》也说，陆子冈之治玉、鲍天威之治犀、朱碧山之治金银等，"俱可上下百年保无敌手，至其厚薄、深浅、浓淡、疏密，适与后世赏鉴家之心力目力针芥相对，是岂工匠之所能办乎？盖技也而进乎技矣"。"苏作"产品之所以如此为世人所重——并由此带来行业的兴盛，就在于它既是一种商品，又是一种艺术品；既具有实用价值，又具有艺术观赏价值，其根本原因则是文人的参与和文化的渗透。这种"经济文化化"与"文化经济化"在发展经济的同时，将"人的需要"——物质享受与精神追求置于重要位置，对于

拓展阅读

推动经济的高质量发展、社会的和谐稳定发挥了重要作用。苏州历史上经济、文化相辅相成、相互促进的现象，可以为现代人文经济的互动发展提供历史启示。

作者为苏州大学社会学院教授
《光明日报》2023 年 12 月 4 日第 14 版

推动非物质文化遗产与旅游融合发展

张青仁　徐姗姗

我国非物质文化遗产资源丰富，截至 2023 年底，已认定国家、省、市、县四级非遗代表性项目 10 万余项，43 个项目列入联合国教科文组织人类非物质文化遗产代表作名录、名册，居世界第一。近年来，各地传统文化热潮涌动，文化旅游消费需求持续释放。找准非遗系统性保护与旅游高质量发展之间的"最大公约数"，推动非物质文化遗产与旅游深度融合发展，对于扎实做好非物质文化遗产的系统性保护、促进旅游高质量发展，更好满足人民日益增长的精神文化需求，具有重要的现实意义。

以文塑旅，激活深度旅游新业态

非遗底蕴为旅游产业注入文化内涵。非遗项目具有深厚的文化内涵、独特的表现形式、鲜明的地域和民族特色，具备与旅游融合发展的良好基础。随着我国旅游产业的发展成熟，大规模景观建设、资源开发的模式已经过时，与地方社会紧密联结、注重历史文化底蕴挖掘的深度旅游成为新时代旅游业的新业态。2023年，文化和旅游部印发《关于推动非物质文化遗产与旅游深度融合发展的通知》，提出"非物质文化遗产的有机融入能进一步丰富旅游景区、度假区、休闲街区、乡村旅游重点村镇、红色旅游经典景区等旅游空间的文化内涵，提升文化底蕴"，这为非遗研学游、文体旅融合游、康养休闲游以及非遗购物节、非遗美食节等进一步指明了发展方向。

非遗能转化为旅游创收生产力。近年来，"非遗＋"模式成为旅游新时尚。黑龙江省省级非遗项目冰雪雕技艺吸引了八方来客，成为哈尔滨冰雪旅游的一大亮点；山东省发布"泉·民艺"等17条非遗特色旅游线路，成为好客山东的新招牌；云南大理依托三月街民族节、"有风小院"推介活动等开设文创市集、田园市集、音乐市集，让"跟着非遗游大理"的潮流赋能乡村振兴；陕西榆林精心打造"相约榆林·对话古城——共享非遗时光"主题游，榆林小曲、陕北说书、陕北民歌等非遗项目深受游客欢迎……诸多文旅融合的地方经验，验证了"非遗＋"模式对旅游业实现社会效益与经济效益"双丰收"的强劲助力。

何为人文经济学

拓展阅读

非遗数字化助力"看景"向"入景"转变。非遗保护中最新应用的数字存储、情境体验、虚拟现实、增强现实等技术，提供了让文物发声、让非遗说话的机会，也在技术与理念上推动着旅游产业升级。经过多年发展，我国非遗保护已探索出成熟的数字技术模式，形成了非遗数据库、AI非遗体验馆等多模态形式。非遗数字资源的整合应用，正多维度、持续性地为旅游业注入更优质、更富吸引力的文化内容。

以旅彰文，赋能民间非遗活态传承

旅游为非遗活态传承提供应用场景。非遗是中华优秀传统文化的重要组成部分，是各地人民在历史长河中沉淀的生活智慧。活态传承的非遗是旅游产业与所在地历史面、社会面、生活面的联结，以非遗工坊、非遗体验馆、非遗民宿等为代表的空间再造，强化了游客的参与感与体验感，在此过程中，互动演示、体验教学等热门"打卡"项目，为非遗传承人生活方式的转变提供了条件。对具备历史属性、生活属性的非遗项目的呈现，有利于提升地方社会的能见度，同时，旅游产业能够充分发挥助力乡村文化振兴、创造文旅就业岗位等优势。

202

拓展阅读

　　旅游为非遗系统性保护引入民间力量。传承人是非遗的重要主体，群众是非遗存续的依托者，游客是非遗的潜在传承人。推进非遗与旅游融合，将传承人与群众纳入旅游产业体系中，不仅能够拉近游客与地方群众日常生活的距离，打造兼具包容度、友好度、差异性、地方性的旅游生态；而且有利于横向推进旅游与交通、民宿和文创等其他业态的联结，构建全域旅游新模式。非遗传承人以及乡村工匠、文化能人、农文旅领域的农业职业经理人等多元新型主体加入协作，共同参与本地旅游产业的规划、管理与服务，将为非遗传承保护储备有序的人才梯队，营造良好的社会氛围。

　　旅游为非遗发挥时代价值提供重要载体。旅游作为一种当代大众生活方式，能在真正意义上推动非遗与现代生活相连接，尤其有利于提升青少年群体对非遗的亲切感、喜爱度和理解力。当传承历史文脉成为社会共识，当越来越多群众特别是青少年认识认同历史文化遗产的魅力和价值，我们的瑰宝才能所托有人、代代相传。健康的旅游市场有助于健全文化生态、传承历史文脉，通过配合传统节日、民俗活动等传达非遗蕴含的思想理念、传统美德、人文精神，能够提升游客对中华文化的认同感，铸牢中华民族共同体意识。旅游地对非遗风采的集中展示，是讲好中华优秀传统文化故事、

拓展阅读

推动中华文化更好走向世界的重要平台。

文旅融合，为中国式现代化贡献非遗力量

非遗与旅游融合，是推动中华优秀传统文化创造性转化、创新性发展的生动实践，是新时代文化遗产"在保护中发展、在发展中保护"的积极探索。在大力推动非遗与旅游融合的同时，需要注意如下几个方面的问题。第一，坚持保护优先，在保护中发展、在发展中保护。立足非遗的文化内核，坚持非遗的文化底色，避免过度商业化对非遗传承的损害，让非遗在与旅游的融合中得到更好的保护与传承。第二，始终坚持以人为本，激发大众对非遗旅游的热情，将非遗的保护、传承、弘扬与全域旅游发展对接，让传承人、村民、居民成为旅游的主要参与者和受益者。第三，因地制宜，将非遗旅游与乡村振兴、城市空间改造、文化生态保护区和国家公园建设结合起来，推动非遗旅游在更广范围、更深层次上与国家发展战略相适应，满足人民对美好生活的向往，探索具有中国特色的推动非遗创造性转化与创新性发展的道路。

习近平总书记指出："中国式现代化赋予中华文明以现代力量，中华文明赋予中国式现代化以深厚底蕴。"新时代"非

拓展阅读

遗＋旅游"模式正助力非遗"活"起来、旅游"热"起来、文化"火"起来，文旅融合产品的多元供给与高质量发展，将进一步发挥非遗赓续文脉、服务当代、造福人民的作用。

作者均为北京市习近平新时代中国特色社会主义思想
研究中心特约研究员
《光明日报》2024年4月8日第6版

"文化+科技"
激发艺术生产的创新活力

杨乘虎

　　无论是冬奥会开幕式深度应用 8K+5G 转播、数字孪生、智能机器人、辅助驾驶、虚拟数字人等新技术展示出中国式浪漫与奥运情怀，还是央视春晚大量运用 AI、XR 等新技术持续推动"思想＋艺术＋技术"融合创新，都深刻体现出科技正在全方位赋能文化生产与传播，创造出更具吸引力、更有沉浸感、更富影响力的文化盛宴，带来"跨屏时代"高度沉浸的"全感官体验"。"文化＋科技"深度融合正在全面打通文化创作、消费、传播等环节，这不仅丰富了文化艺术作品的内容与形式，而且促进了文化产业的高质量发展，有助于加速培育文化领域的新质生产力。

　　"文化＋科技"加速提升文化原创力，搭建中华文明传播新场景。中华优秀传统文化的故事性元素与 AR、VR 等人工智能技术的交互融通，使影视与互联网视听节目的原创力得到极大提升，打造了传媒艺术既古典又现代的审美新形态。比如，河南卫视"中国节日"系列节目，持续探索新技术与中华传统文化紧密结合的感染力和艺术性。又如，大型文化纪录片《中国》第三季使用"绘画＋CG"技术，突破时空的壁垒，凸显中华文明的悠久历史与民族精神，形成数智时代的"审美新热点"。诸多优秀创意型、科技型的文化精品，借助全媒体矩阵持续"跨圈"传播、跨文化传播，为中外观众提供了理解中华美学精神、认知文化内涵、共享审美品位的全新文化场景，为中国形象的积极传播搭建了更为全面、丰富的平台。

"文化＋科技"不断增强产业竞争力，打造人文经济发展新形态。作为新质生产力的重要体现，文化与科技的融合发展，不仅贯穿文化艺术产业的内容策划、制作传播、数据分析等全模式、全链路，而且在个性化推荐、自动化内容生成、智能化后期剪辑制作、智能版权保护与内容监管等方面，切实提高了文化艺术产业的生产效率与文化安全。不同生产要素之间的资源共享、内容集聚与价值耦合，实现了资源配置的最优化、最大化，拓展了文化艺术产业的价值和

拓展阅读

想象空间，也催生出"艺术+"的产业新业态。如上海、洛阳、成都、西安、哈尔滨等城市，利用艺术IP，创意性开发城市文化资源，用文化因子擦亮城市名片，探索"科技+文化+艺术"逻辑下艺术产业与文旅产业融合的创新实践。数字化、网络化、智能化的融合发展推动新质生产力"以新促质"，以创新驱动文化产品和服务供给的多样化、全面性、高效性，为人文经济的发展注入新动能，打造中国数字经济高质量发展新形态。

当然，我们欣喜于"文化+科技"利好的同时，也要关注数字科技所引发的生产失范、监管失灵等问题。例如，文化内容的批量化与模式化生产以及算法不透明带来的用户信息安全隐患，智能复活引发的肖像侵权，数据歧视诱发的伦理困境，等等。坚守人类伦理道德与人文情怀，是科技与文化融合发展的生命线与底线，既要增强艺术产品的多样表达与丰富内涵，又要在传播过程中尊重受众的隐私与数据，更要明确技术应用的边界与范式，在遵循科技伦理原则与法律法规的基础上，引导科技"向善"、文化"向优"。我们要持续增强艺术创新生产的能力与动力，更好地推动文化产业与数字经济的深度融合与可持续发展，不断激发艺术生产的创

拓展阅读

新活力，全面提升艺术作品的传播广度与深度，丰富文化艺术消费的内容与形式，助力文化强国建设。

作者为北京师范大学艺术与传媒学院教授

《光明日报》2024 年 4 月 10 日第 7 版

城市"破圈"
需在"人文经济学"上下功夫

徐 剑

2023 年全国两会期间,习近平总书记在参加江苏代表团审议时指出:"上有天堂下有苏杭,苏杭都是在经济发展上走在前列的城市。文化很发达的地方,经济照样走在前面。可以研究一下这里面的人文经济学。"在当前复杂多变的经济形势下,需要深刻把握"人文经济学"的重要内涵,充分发挥文化的支点和撬动作用,将城市文化转化为新流量、新区域、新动能,通过体验价值的提升赋能文化经济,满足人民群众日益增长的精神文化需求,通过城市文化 IP 的打造和传播不断积蓄新经济能量,激活城市新经济发展引擎。

人文经济的核心是以文化为支点创造新需求,重在增强文化的体验价值和转化能力。人文经济是一种在市场活动中以人文价值驱动经济增长的理念。传统经济学将供需关系视为最基本的规律,而产能过剩和需求不足则是当前

拓展阅读

经济形势下最受关注的关键性问题。人文经济的核心是通过文化体验和文化产品创造新的文化供给，并通过新的文化供给创造新的消费需求。淄博烧烤、贵州"村BA"都是以城市人文要素驱动新经济发展的案例。在这一过程中，文化所扮演的是"支点"与"杠杆"的角色，即起到一种"以点带面"的撬动作用。从深层意义上来说，文化与经济有着千丝万缕的联系，而人文经济理念落地的关键就在于实现从文化概念到文化产品的转化。其中，赋予文化元素以充分的体验价值是关键一环。体验价值是文化消费者从文化产品或文化服务中获取和实际感受到的价值，包括感官、情感和精神层面的体验等。只有当文化从形而上的精神形态转变为受众可观可感的具有体验价值的产品时，文化才能提供价值创新的机会，才能具有创造新的商业模式的可能。这种转化选择的背后，绝非是对文化属性和文化特色的盲目转化，而是通过严谨的市场分析和精细的文化产品开发实现的升级转化。

人文经济的本质是不断满足人民群众的新需求、新期盼。人文经济归根结底要服务于人的发展，满足人民群众日益增长的美好生活需要。随着经济社会的不断发展和教育水平的不断提升，人民群众的新需求、新期盼，尤其是

┃ **拓展阅读** ●

对精神文化和品质生活的需求正在显著提升，而激发需求则需要有真正戳中"痛点"的文化产品供给。以"酱香拿铁"为例，其成功不仅在于品牌的联名，更重要的是其中蕴藏着中西文化、咖啡文化与酒文化的联姻，本质上是通过创新满足了消费者尤其是都市白领对于品质生活和精神文化的需求。因此，要进一步激活消费需求，必须打造有创新性、有品质的高质量文化产品来活跃消费市场，通过搭建人文经济融合共生的"小场景"，满足人民群众精神文化滋养的"大需求"。例如，通过"博物馆夜游"等文化产品的打造，让文化与夜间经济相互助力；通过沉浸戏剧等新潮文化体验，推动传统文化的创造性转化；通过打造"城市文化潮流聚集地"，让人民群众感受历史与当下、传统与时尚的碰撞……只有将具体的文化场景转化为人文经济落地实践的窗口，不断满足人民群众的新需求、新期盼，才能使人民群众的精神世界得到滋养，让创造城市财富的新经济源泉充分涌流。

聚焦城市特色打造文化IP，推动"人人传播"，实现城市文化创造性转化。当前，人们对于美好生活的向往和需求快速增长，特色鲜明、亮点独特的城市IP，已成为激发城市

拓展阅读

活力、推动城市发展的巨大动能。城市 IP 是根植于城市自身特色，向外界传递城市个性特征的具象符号，具有媒介化、破圈化、生活化的特征，对当前形势下激发消费活力、提振市场信心具有重要现实意义。观察那些爆火的城市 IP，不难发现，它们都具有贴近普通百姓、彰显城市文化特色的属性，其核心是以"接地气"的城市大众文化为引领，以市场化的力量为推动，通过有鲜明特色的符号标识，使大众性 IP 持续升温，最终实现广泛的"破圈"，产生全民线上线下共振的"狂欢效应"。尤其是在文旅深度融合的背景下，打造城市新 IP 已成为文旅市场的重要发展趋势，城市需要广泛挖掘具有"破圈"实力的文化 IP，以 IP 为核心吸引获取流量关注，通过产业链延伸带动周边产业协同发展。

围绕各具特色的城市 IP，人们对于城市内容的关注不再停留于大而全的宏大叙事，而是更多地关注小而美的城市故事。"人人传播"的趋势使得每个普通人都可能成为人文经济的创造者和推手。一条网友拍摄的城市"打卡"短视频可以在短时间内"火爆出圈"，在受众的脑海中建立起对于一座城市的认知标签。例如，谈到重庆，人们的脑海中马上就可以浮现出热气腾腾的火锅、"8D 立交桥"、"轻轨穿楼"等极具画面感的内容，而这些内容正是来自每个城市个体的日常生活。城市人文经济的背后，是人们打造精致理想生活需求的迸发，代表了一种新的生活方式，是生活追求的集中释放，并能够转化为引领经济发展的新趋势，孕育城市新动能的活力之源。因此，在数字媒介环境下，信息的内容体量急剧扩张，城市人文经济要想成功"出圈"，就必须把握社交媒体的渠道力量，制造爆点，引发关注和讨论。同时，要充分激发社会"人人传播"的活力，充分发挥政府官员、网络红人、城市"大V"等自带流量的传播主体作用，通过数字平台拓宽传播渠道，重点推动现象级点位场景在社交媒体"出圈"，使城市文化IP在短时间内"霸屏"，为城市带来"大流量"。

人文经济需要顶层设计，超前布局。对于城市人文经济的打造，应当引起地方政府高度重视，推动具有代表性的特色人文经济项目成为"一把手"工程，通过顶层工作牵引，构建全链条、全过程、全覆盖的转化落实机制。要强化政企协同，通过创新联动机制，积极联动文旅企业、金融机构、电商平台、新媒体平台等社会主体共同交流行动经验、协商解决障碍问题，形成能够真正实现人文经济效益提升的"一揽子方案"。只有通过公共配套完善、政策供给护航等手段

拓展阅读 •——————————————

打出"组合拳",促进围绕人文经济的城市内涵建设提质扩容,才能最大限度提升城市文化的价值,带动城市新经济走向更具活力的"破圈"突围。

作者为上海交通大学媒体与传播学院副院长
《学习时报》2023年10月25日第2版

在文化向度上
为推动城市高质量发展赋能聚力

—— 宁波打造城市人文经济的实践探索

伍 醒

新时代人文经济学以文化为视角，描绘了中国式现代化语境下经济发展的新样态，为坚持高质量发展这一新时代的硬道理提供了新思路。作为"书藏古今"的历史文化名城和"港通天下"的现代化滨海城市，宁波积极打造城市人文经济，不断推动"港产城文"融合发展，用新时代人文经济学的创新探索，在文化向度上为推动城市高质量发展赋能聚力。

从文化赋能的历史向度看。打造城市人文经济意在展现城市文化软实力，用城市人文底蕴构筑城市经济发展的坚实内核，用城市文化根脉诠释城市高质量发展的鲜亮底色。宁波位于我国东南沿海，是长江三角洲南翼经济中心。开放进取的海洋商贸文化与经世致用的浙东学术思想在这里交互融合，共同构筑起宁波独有的城市文化底蕴。早在 2000 多年

拓展阅读

前的秦代，宁波就以"鄞县"为名，并延续千年，唐代《十道四蕃志》曰："鄞山，以海人持货贸易于此，故名。"宋代宝庆《四明志》也记载道："古鄞县乃取贸易之义，居民喜游贩鱼盐……商舶往来，物货丰溢。"古老的地名蕴藏了丰富的历史、地理和人文信息，不仅见证了海上丝绸之路在宁波的繁荣，更深深镌刻了宁波人自古以来通商贸易润泽万家的文化基因。英国著名经济史学家、汉学家伊懋可认为，宋代作为我国历史上第一个海上贸易繁盛时期，是"世界最早的海上帝国"。被列入"2002年度全国十大考古新发现"的永丰库遗址，其出土的瓷器品类之多、分布之广，再现了元代宁波海纳百川、包罗万象的开放气质。宋元时期延续数百年的海外贸易活动，进一步激发了宁波人向海而兴、富国裕民的重商主义传统。及至明清，王阳明提出士农工商"四民异业而同道"，黄宗羲提出"工商皆本"，这些思想突破了传统农本思想的束缚，为宁波人搏击商海提供了强大的精神支撑。近代以来，宁波商人旅居各地，在金融、贸易、航运、制造等行业脱颖而出，创造了百余个中国工商业领域的"第一"，形成了中国近代最大的商帮——宁波帮。所谓"无宁不成市"，"宁波帮"为中国民族工商业的近代化发展作出了重要贡献，也为推动宁波乃至浙江成为改革开放的先行地发挥了积极作用。由此不难理解,宁波为何确立加快"港产城文"融合发展的战略,坚持"以港兴市、以市促港"构筑核心竞争力。可以说,宁波城市发展的历史恰好印证了人文是经济发展的深厚底蕴,文化是经济发展的重要内容,城市的崛起繁荣缺不了城市人文的厚重累积,城市高质量发展离不开文化软实力的深度支撑。

从文化赋能的现实向度看。打造城市人文经济重在推动城市经济人文化,以文化人、以文惠民,满足人民群众多样化多层次多方面的需求,特别是对精神文化和品质生活的新需求,彰显高质量发展以人的发展为归宿,人的发展以精神文化为内核。中国式现代化不仅是"物"的现代化,更是"人"的现代化。对此,宁波通过高效能推进"港产城文"融合发展,不断培育城市高质量发展新势能。一方面,注重繁荣文化产业增强发展动力,特别是通过推动文化产业数字化,培育和塑造了一批具有鲜明地方文化特色的原创IP,加强IP开发和转化,加速文化消费场景与消费模式创新,释放数字赋能的强大动能。同时,大力扶持高成长文化企业,加快推进一批投资规模大、投资强度高、投资主体优的航母级项目建设,提升文化资源向文化资本转化的能力,促进港城文化为制造、金融、科技、信息、旅游等产业发展赋能。另

拓展阅读

一方面，注重升级文化事业提升民生品质，不断扩大文化消费新领域、创造文化体验新场景。着力开发史前海洋文明、唐宋海丝文化、明清海防文化、当代港口工业文化等不同历史时期的海洋文化，策划"在宁波看见中国海洋文明发展史"文化品牌，建设以中国港口博物馆、中国海洋渔文化馆为重点的海洋文化地标体系等，通过搭建人文经济融合共生的"小场景"，满足人民群众精神文化滋养的"大需求"，为城市发展带来"大流量"。

从文化赋能的实践向度看。打造城市人文经济贵在推动城市文化经济化，以文润城、以文兴业，激活千年文脉的多重现代性价值，为实现高质量发展提供物质基础与精神动力。宁波加快"港产城文"融合发展，是对"以港兴市、以市促港"战略的深化与拓展，深刻反映了当前宁波港口和城市发展面临的迫切需求，即加快文化与"港产城"的融合和迭代，以文化赋值经济，以文化助推经济，推动形成文化经济交融发展的新业态。在此方面，宁波正在积极谋划特色鲜明的文化新地标，尤其是抓住"一带一路"建设为文化、创意、旅游等产业带来的新机遇，发展世界一流的海洋文化产业，以文化科技推动海洋经济迭代升级，将打造"活力海洋之都"逐步发展成为地方经济新的增长极。可以说，依托

拓展阅读

坚实深厚的人文优势，积极推动本土优秀传统文化的创造性转化与创新性发展，不断构筑新时代促进经济发展的强大力量，宁波有条件、有能力在实现高质量发展中发挥先行探索作用，谱写出中国式现代化的宁波壮丽篇章。

文化向度本质上就是"人"的向度，打造城市人文经济就是要求我们在推动城市高质量发展中始终聚焦"人的现代化"，在现代化道路中融入人文底色，在经济发展中融合文化繁荣，从"人"的视角回答发展是为了谁、依靠谁、发展成果由谁共享的命题，以人文价值持续引领城市经济高质量发展和城市百姓高品质生活，实现创造主体和价值主体的内在统一。正因如此，宁波市委、市政府明确提出要"守牢文化之根、锻造文化之魂、深耕文化之美、务求文化之新、彰显文化之力"，这既是对过往宁波加快"港产城文"融合发展、建设现代化滨海城市的经验总结，更是进一步推动宁波城市高质量发展的现实规划。

作者为浙大宁波理工学院马克思主义学院教授
《学习时报》2024 年 4 月 17 日第 8 版

把握人文经济学的创新支点

陈　忠

　　2023年全国两会期间，习近平总书记在参加江苏代表团审议时指出："文化很发达的地方，经济照样走在前面。可以研究一下这里面的人文经济学。"人文经济学蕴含的价值理念、思维方式，具有重要的支点意义。

　　马克思认为，"现在的社会不是坚实的结晶体，而是一个能够变化并且经常处于变化过程中的有机体"。复杂环境中，变化的有机体往往不定期地呈现震荡性、不确定性。唯物史观及历史的经验都告诉我们：经济的稳定、增长，是保持社会有机体稳定、发展的基础；没有经济的平稳、有序、可持续增长，也就没有社会有机体包括世界文明的平稳、有序、发展。

　　造成当代经济发展出现震荡、不确定性、风险性的原因是多方面、多维度的。同科学技术如数字技术、智能技术的无边界推进有关，同世界政治、区域关系的突然变化有关，同气候与自然环境的变化有关。但究其根本，世界经济、经济发展的不确定性、风险性，最终生成并体现于经济主体这个维度。

社会是一个有机体，经济本身及其核心构成经济主体也是一个生态有机体。现代经济的主体与结构主要由三方面构成：以国家为主体的经济治理，以市场为主体的经济运行，以民众为主体的经济生活。经济稳定与否、能否发展，从根本上决定于这三方面的关系。从现实看，国家作为经济主体涉及政府、政党等及其具体单元的关系；市场作为经济主体涉及不同类型、样态的企业及其关系；民众作为经济主体涉及不同区域、背景的主体及其关系。国家、企业、民众这三类经济主体的具体构成、相互关系在不同的区域与阶段存在重要差异并不断变化，正是这种复杂性决定了经济的复杂性。

反思世界文明史特别是近代以来的文明史，国家、市场、民众，即经济治理、经济运行、经济生活的关系，未得到很好的处理。人们往往以一种分裂甚至对立的思维理解、建构其关系：或强调国家主体与经济治理的重要性，或主张经济运行与经营主体的重要性，或主张民众主体与经济生活的重要性。能否实现不同层面经济主体的和谐有机互动，从

｜拓展阅读 ●

根本上决定经济能否稳定发展。世界文明、世界经济亟须一种贯通性、融合性的经济理论来理解经济治理、经济运行、经济生活，从而统筹国家、市场、民众三者的关系。人文经济、人文经济学为解决这个难题，提供了一个重要支点。

——对经济发展之人性基础的反思与确认。经济治理、经济运行、经济生活的不协调，国家、市场、民众之间的不和谐甚至冲突，说到底是人与人之间的财富分歧、利益冲突。经济活动的深层本质是人的活动，人性从根本上决定经济活动的方式、方向。人性是现实的、复杂的、具体的，既有自利性也有利他性，既有单一性也有整体性。关键在于能否以公开规则、公共体制的形式使人性沿着合理的轨道运行，不断提升人性水平，建构更为合理的人与人之间的关系。有了现实人性的不断合理化，也就有了国家、市场、民众关系的不断合理化，即经济治理、经济运行、经济生活关系的不断合理化。人文经济学从马克思主义的现实人性论、实践人学的角度具体理解经济主体，以人的素养的提升为基础，以全过程人民民主建设更为合理的经济主体生态，为理解经济主体的复杂性提供了重要思路。

——对经济发展之动力机制的反思与确认。对一个文明体及文明区域而言，经济发展的动力存在于三个层面：一是

拓展阅读

外在机遇、环境的变化，如国际分工的调整、政府政策的变化；二是要素、结构的变化，如引入新的技术、人员、企业；三是素养、底蕴的培育，如崇文重教、普遍提升人的素养。在这三个层面中，人的综合素养、人文底蕴的持续培育，对于一个文明体、文明区域的发展具有至关重要的作用。虽然影响现代经济具体运行的因素日益增多，但人的素养始终是基础性的。有了高素养的人，挑战可以变为机遇；而人的素养不够，重要的机遇也可能转换为挑战。有了高素养的人，也就有了高素质的经济治理主体、经济运行主体、经济生活主体。三个层面经济主体的协调发展，为经济发展持续提供动力。人文经济学对经济之人文底蕴、人文本质的确认，为更具体地理解经济发展动力打开了新空间。

——对经济发展之目的归宿的反思与确认。财富、货币是现代经济活动的显性中枢，是不同层面经济主体及现代部门得以正常运行的重要现实保障。但财富、货币不是经济活动的目的本身。人的自由发展是人自身发展的条件。对社会有机体的良性运行而言，一方面，经济领域只是社会有机体构成的一个维度、板块，离开了政治、社会、文化、生态领域，经济领域无法持续运行；另一方面，政治、社会、文化、生态领域都具有经济属性，其成员都是某个维度与层面

拓展阅读

的经济主体。只有不同领域的所有成员在经济机会、财富权益上相对合理、公平，一个社会有机体才能良性持续运行。在实践中，诸多矛盾、冲突之所以会产生，其重要原因是经济机会、财富权益的差异过大，经济机会与社会财富集中于少数主体。而人文经济学强调以人民为中心的发展思想，强调财富的共建、共享，强调效率与公平的统一。

总之，人文经济学的不断发展，对其研究的不断深入，标志着中国治理方式与治理思想、发展方式与发展理念、经济发展与经济思想等渐趋成熟。可以说，人文经济学具有综合性的创新支点意义。

作者为苏州大学政治与公共管理学院院长
《新华日报》2023 年 12 月 5 日第 14 版

文化强国战略的人文经济学内涵

魏鹏举

2023年6月2日,习近平总书记在文化传承发展座谈会上强调:"中华文明的和平性,从根本上决定了中国始终是世界和平的建设者、全球发展的贡献者、国际秩序的维护者,决定了中国不断追求文明交流互鉴而不搞文化霸权,决定了中国不会把自己的价值观念与政治体制强加于人,决定了中国坚持合作、不搞对抗,决不搞'党同伐异'的小圈子。"

关于文化发展的总体性国家战略的表述,一般西方价值体系的国家偏向于用文化多样性来凸显对各种文化群落独特性的平等对待,单一民族国家如日本、韩国用了"文化立国"这样的突出文化一贯性和凝聚力的话语方式。联合国教科文组织的全球文化发展主张是,强调尊重各种文化的传统及其价值表达,不分先进落后,不论强与弱。那么,如何认识文化强国战略的文化价值立场与发展诉求?本文尝试把文化强国战略放在中国发展的历史与现实语境中,从人文经济学的视野去理解认知其特定的价值内涵。

人文经济学通常指的是一种关注市场活动中的人文价值的经济增长理念与研究体系。中国特色的人文经济学更有对于人民幸福、文化繁荣与经济高质量发展的系统性关切与整体性统筹。从这个视野来看，中国的文化强国内涵可以从三个维度去把握。

首先，文化强国是以中国式现代化焕发中华民族伟大复兴活力的内生价值构建。孔子认为，良好的国家治理，首先是国民安居乐业，人丁兴旺（庶）；接着要做的是发展经济，让人民过上富足生活（富）；更高层次的是要以文化人，提升全社会的文明道德水平（教），即"庶富教"的思想。国家善治的核心基础是以人为本；发展经济能够从物质上保障人民过上美好生活；而文化教育实力的强盛，则是国家真正稳定强大的内生活力之源，也是一个国家发展的根本目标。我们建设社会主义文化强国，显然不是要搞软实力对抗或世界霸权秩序塑造，而是有着深厚中国传统底蕴的内在价值追求，是具有深刻人文经济学内涵的美好生活愿景。中国文化发展的主体精神能量，始终都是基于宽厚包容力而不断提升强韧凝聚力，尊重差异进而和合共生。文化强国是中国式现代化建设的题中应有之义，是保障数量庞大的国民在过上富

┃拓展阅读 ●

足物质生活的同时，不断提升精神生活的水平和质量。强大的文化认同与凝聚力，能把复杂多样的社会以内生方式自发地融合为有机整体，进而成为社会经济实现高质量转型发展的全民价值追求和强大内生动能。文化强国建设，就是要传承中华民族刚健有为生生不息的文脉精神，坚定走出中国式现代化道路、实现中华民族伟大复兴，同时为人类命运共同体的构建作出中国示范和人文价值贡献。

其次，文化强国内含的文化建设任务是在经济高质量发展的同时，全面提升和增强社会文明水平以及国家文化的传承实力、创新活力、影响力与竞争力。改革开放以来，中国创造了经济快速发展和社会长期稳定的奇迹，但是文化发展的水平还不能与经济增长相适应。从经济、社会与文化协同高水平发展的人文经济学视野来看，经济的高质量发展需要与之相适应的文化建设水平的内在支撑，同时，优质的文化建设与发展当然也需要社会稳定与经济繁荣的积极支持。

梳理中国改革开放以来的文化繁荣发展实践经验，可以发现，有效市场与有为政府共同发挥了积极作用。通过强有力的公共财政投入保障，文化的保护和传承工作取得了显著成效，建立了体系完善的文物保护修缮以及非物质文化遗产保护传承机制。我国还用很短的时间基本建成了公共文化设

拓展阅读

施及服务体系，最大限度地保障了人民的基本文化需求。通过文化体制改革的不断优化和深化，全社会的文化生产力得到大大释放与激发，现代文化市场体系逐步健全，现代文化产业体系不断完善。

在国内，图书出版、影视广电、音乐演艺、动漫游戏等文化内容消费更加繁荣，以"国潮"为特征的"文化+"衣食住行等文化性综合消费火爆，释放社会消费新活力。国际文化贸易日益发达，不仅文化产品的出口贸易额显著增长，文化内容的国际贸易竞争能力也大幅提升，尤其是随着互联网和数字经济与文化经济的互渗互融，中国文化的影响力在全球不断扩大。中国的文化发展之所以能在较短时间内取得如此成效，很重要的原因就是经济的发展提升了国家财力、居民消费力以及市场主体活力。国家财政有效保障了文化保护传承以及现代公共文化服务体系的构建，居民日益增长的个性化、差异化、多样化文化需求与文化企业不断提升的文化供给能力有效对接，推动形成强大的国内文化市场，提高文化贸易国际竞争力。需要指出的是，对照文化强国建设的战略目标，我们还需要在文化与经济协同发展方面持续发力；还需要进一步增加对文化的财政投入力度，并提高财政资源配置效率；还需要统筹谋划完善文化经济政策，创造更有利于调动各类所有制文化市场主体积极性的制度环境；尤其在激发和培育全社会的文化创新活力以及文化科技深度融合发展方面，还有待进一步深入发挥政府与市场的积极作用。

再次，从人文经济学的视野来看，文化与经济的关系可以从三个维度进行讨论：第一个是宏观维度，主要探讨一个国家或民族的文化价值体系如何影响社会经济的发展模式与动力机制，如关于儒家文化是否会限制甚至阻碍现代市场经济的发展问题的探讨；第二个是中观维度，主要是将文化产品与服务的供给需求体系作为一个特定的产业进行研究，如文化产业、创意产业、内容产业、版权产业等各类文化相关业态体系，探讨分析市场意义层面的文化生产、传播、消费、贸易等特定文化活动规律与趋势，是一种可以通过量化方式研判文化实力与竞争力的文化实践视角；第三个是微观维度，以作为市场微观主体的企业为研究对象，总结、分析和探讨文化对企业经营管理的影响以及企业文化的有效建设等问题。

文化强国建设，首先要有高度的文化自觉和文化自信，坚持中国道路，推动中华优秀传统文化的创造性转化和创新性发展，探索富有人文内涵的高质量发展之路。其次要将文化产业作为国民经济的支柱产业，激发其在活化文化遗产及

┃ 拓 展 阅 读 ┃●━━━━━━━━━━━━━━

促进文化创新方面的产业化效率与市场化潜力，用好其在面向国际市场讲好中国故事，实现文化交流与文化贸易双赢的文化经济复合功效。最后要鼓励中国的企业自觉践行中国文化价值，要有担当中华民族伟大复兴历史重任的使命意识和崇高追求，唯其如此，企业才能超越急功近利的短期行为模式，扎根中国文化沃土，培育能真正凝聚全员积极性、着眼长远发展和国家战略利益的企业文化。

综上，从人文经济学的视野来看，建设文化强国的深远战略意义在于，可以创造深厚的内生价值动能并提供坚实的高质量发展力量。

作者为中央财经大学文化经济研究院院长

《深圳特区报》2023 年 6 月 6 日 B2 版